AMOUR SECRET

Vous aimez les livres de la série

mary-kate olsen **ashley** olsen
totalement **jumelles**

Écrivez-nous pour nous faire partager votre enthousiasme :

Pocket Jeunesse - 12, avenue d'Italie - 75013 Paris

mary-kate olsen **ashley** olsen

totalement **jumelles**

Amour secret

Une adaptation de Jacqueline Carrol
d'après la série télévisée créée
par Eric Cohen et Tonya Hurley
d'après le feuilleton écrit
par Michael Baser et Frank Dungan

Traduit de l'américain
par Christine Bouchareine

POCKET
jeunesse

Titre original :
Secret Crush

Publié pour la première fois en 2002
par Harper Entertainment, États-Unis.

Loi n° 49-956 du 16 juillet 1949 sur les publications
destinées à la jeunesse : octobre 2004.

ISBN 2-266-13877-4

1

— Bonjour, tout le monde! lança joyeusement Chloé lorsqu'elle entra dans la cuisine cet après-midi-là. Quelle superbe journée, vous ne trouvez pas?

Manuelo, majordome et cuisinier chez les Carlson, se tourna vers Chloé.

— Tu m'as l'air bien gaie, dis donc!

— Je parie qu'elle est amoureuse, déclara Tedi, mannequin et amie de Macy, la mère de Chloé.

— Pour votre information, sachez que je me rends cet après-midi dans une maison de retraite. Je dois rencontrer des personnes âgées. Je m'entraîne donc à paraître heureuse. Et j'ai choisi de m'habiller plus classique.

Chloé repoussa en arrière ses longs cheveux blonds, montra sa jupe et son chemisier très BCBG.

Macy pianotait sur son agenda électronique.

— Mais que vas-tu faire là-bas ? Nous sommes vendredi, n'est-ce pas ?

Chloé sourit. Sa mère était tellement débordée depuis son divorce qu'elle ne pouvait plus vivre sans ses plannings.

— J'y suis ! Travail d'intérêt public. Ton père passe te prendre dans… (Elle consulta sa montre.) Dans sept minutes !

Chloé et sa sœur jumelle, Riley, vivaient avec leur mère dans leur maison sur la plage, tandis que leur père, Jake, habitait désormais dans un mobile home, un peu plus loin, sur la falaise.

— Exact ! C'est lui qui doit me conduire à la maison de retraite Bellevue, s'écria Chloé enthousiaste.

— C'est bizarre, à t'entendre gazouiller comme ça, j'aurais parié que tu avais rendez-vous avec un garçon, insista Tedi.

— Désolée de te décevoir, Tedi, mais pas aujourd'hui. Et sache que le bénévolat m'intéresse nettement plus.

En réalité, Chloé ne comprenait pas très bien ce qu'on attendait d'elle. Devrait-elle faire la conversation ? Jouer aux échecs ou au loto ? Rien de tout cela ne l'enthousiasmait. Tout ce qu'elle savait c'est que cette bonne action lui apporterait des points supplémentaires sur son dossier d'entrée à l'université... si elle réussissait à s'acquitter de sa mission avec le sourire.

— Et Riley aussi s'est inscrite à un travail bénévole ? demanda Macy en buvant son café.

Au même moment, Riley fit irruption dans la pièce, vêtue d'une salopette en jean et de grosses bottes. Une paire de gants épais sortait de sa poche et elle avait noué ses cheveux sous un bandana rouge.

— Oui, et je devrais déjà être partie. Comment me trouvez-vous ?

— On dirait un cantonnier, remarqua Manuelo.

— Il ne te manque qu'un brin d'herbe entre les dents pour ressembler à une fermière, ajouta Tedi.

— Tu n'es pas loin de la vérité !

— Tu vas labourer les champs ?

— Pas exactement. Tu te souviens que la bibliothèque a été ravagée par un incendie ? On vient de la reconstruire, mais le jardin qui l'entoure a été complètement saccagé.

— Et tu dois aider à le remettre en état, conclut Manuelo.

— Oui. L'inauguration aura lieu dans une semaine à peine.

Chloé s'affala sur un siège en soupirant.

— Si j'avais su, je serais venue avec toi. J'ai l'impression que tu vas bien t'amuser.

— Bonjour les dégâts ! s'écria Manuelo. Je me souviens d'un certain noyau d'avocat que tu as laissé agoniser, faute d'eau.

— J'étais en CP ! protesta Chloé.

Manuelo avait raison : Chloé n'avait jamais eu la main verte.

— De toute façon, ce n'est pas le jardinage qui m'intéresse, continua Chloé.

— Alors quoi ? demanda Tedi.

— Il paraît qu'il y a des gars supercool comme Dean Spencer et Shane Howel qui travaillent à la bibliothèque.

— Ne t'inquiète pas, la rassura Riley avec un grand sourire, si je vois le moindre garçon craquant, je te raconterai.

— Ça me fera une belle jambe !

La porte de la cuisine s'ouvrit et Larry Slotnick, leur voisin, entra sans frapper comme d'habitude. Il était en troisième avec Chloé et Riley au lycée de Malibu.

Il portait lui aussi une salopette avec de grosses bottes, et un casque de chantier jaune.

— Salut, Larry. J'adore ton chapeau, gloussa Tedi.

— Merci. Tiens, Riley, je t'en ai apporté un.

Il lui tendit un casque.

— Larry, nous travaillons dans un jardin pas sur un chantier ! Allez, viens, on va être en retard.

Riley ouvrit la porte et aperçut leur père qui se garait.

— Chloé, voilà papa !

— Génial !

Chloé se leva avec un sourire radieux, décidée à faire contre mauvaise fortune bon cœur, malgré l'après-midi peu séduisant qui l'attendait à Bellevue.

Quelle pagaille ! soupira Riley en contemplant les massifs piétinés, la terre labourée et les sculptures renversées.

George Watkins, l'un des architectes chargés de la restauration de la bibliothèque se tourna vers les bénévoles.

— C'est un… un…

— Un vrai gâchis, souffla Lauren Shears, une élève de terminale dont les yeux étaient lourdement maquillés de noir.

— Un désastre ! acquiesça Shane Howel, un élève de troisième.

— Une catastrophe ! ajouta Larry.

— Un saccage, conclut Dean Spencer, un grand blond, en troisième lui aussi, et champion de l'équipe de basket.

Riley, qui n'avait pas revu le jardin depuis l'incendie, prit soudain conscience de l'ampleur des dégâts.

— Oui, vous avez raison, soupira M. Watkins. Et la mauvaise nouvelle, c'est que tout doit être remis en état avant samedi prochain.

— Cela nous laisse à peine une semaine, constata Dean.

— Ouais, ce n'est pas gagné, ajouta Shane.

— Et quelle est la bonne nouvelle ? demanda Larry.

— Eh bien, je vous ai ! gloussa l'architecte. Et je sais que je peux compter sur vous, les enfants !

— Ne vous inquiétez pas, on y arrivera, répondit Riley.

— J'en suis persuadé ! Bon, je dois retourner superviser les travaux à l'intérieur, alors à vous de jouer. Je vous laisse vous organiser.

— On devrait commencer par mettre de côté les sculptures et les bancs, remarqua Riley. Tiens, là-bas, sous les arbres, là où le gazon n'a pas été abîmé.

— Très bonne idée, Riley, la coupa M. Watkins, mais je crois que vous devriez d'abord désigner un chef des travaux.

Riley considéra les autres élèves. Personne ne semblait vouloir se porter volontaire.

— Je peux m'en charger, dit-elle.

M. Watkins la regarda d'un air sceptique.

— Ne le prends pas mal, seulement tu n'es qu'en troisième, non ?

— Vous ne m'en croyez pas capable ?

— J'aurais préféré quelqu'un de plus âgé. Il se tourna vers les autres élèves.

— Pas moi, protesta Shane. Je veux bien travailler, mais ne m'en demandez pas plus !

— Moi non plus, s'écria Lauren. Je ne m'y connais pas assez en jardinage.

Dean secoua la tête.

— Moi, l'organisation, ce n'est pas mon fort.

— Personne ne fera mieux l'affaire que Riley, monsieur Watkins, déclara Larry. On peut compter sur elle.

— Merci, Larry.

Il l'énervait souvent, mais elle devait reconnaître qu'il la soutenait toujours.

— Franchement, monsieur Watkins, reprit-elle, je peux assumer cette responsabilité. Surtout que personne ne veut s'en charger.

— Tu as raison. Eh bien, c'est d'accord, Riley.

— Merci, monsieur Watkins. Vous ne le regretterez pas, vous verrez. Nous allons tous faire du bon travail.

— Et en cas de problème, n'hésite pas à m'appeler à l'aide.

— C'est promis.

— J'ai apporté des râteaux et des binettes. Et aussi des chevalets pour scier du bois. Il manque des lattes à certains bancs. Je n'ai malheureusement pas trouvé de scie électrique…

— Ne vous inquiétez pas, le coupa Riley. On s'en occupera.

— D'accord. (L'architecte contempla une dernière fois le jardin, puis il tapota l'épaule de Riley.) Je compte sur toi.

Riley prit une profonde inspiration en le regardant s'éloigner. À elle de jouer, maintenant.

— Bon, on va déjà porter les bancs et les sculptures là-bas, sous les arbres.

Shane et Dean s'emparèrent d'un banc tandis que Lauren ramassait une statue couverte de suie.

— À propos, Riley, annonça Larry. J'ai apporté des trucs à grignoter.

— Tu as bien fait.

Riley continua à passer le jardin en revue. Ensuite ils ramasseraient le bois mort et tailleraient les buissons, puis ils s'occuperaient des massifs.

— J'en ai aussi apporté pour toi, continua Larry.

— Merci, c'est gentil.

Riley se dirigea vers une statue renversée. Il fallait absolument qu'elle trouve une scie électrique.

— J'ai des gâteaux de riz et du jus de mangue, des cacahuètes grillées et…

Lauren ramassa la statue avant Riley qui obliqua aussitôt vers un autre banc et percuta Larry.

— … des chips, continua-t-il, imperturbable. Tu adores ça, non ?

— Quoi ? Oh, pardon, Larry. J'ai tellement de choses à l'esprit que je ne t'ai pas écouté.

Elle sentit qu'il n'allait pas la lâcher. Vite, elle devait lui dégoter une occupation.

— Tiens, Larry. J'aurai une mission à te confier.

— Avec plaisir. Que veux-tu que je fasse ?

— M. Watkins avait raison, il y a beaucoup de bancs à réparer. J'aimerais que tu enlèves les lattes abîmées et que tu comptes combien sont à remplacer.

— Pas de problème, je m'en occupe.

Larry s'éloigna puis fit brusquement demi-tour.

— Dis, Riley, si on allait manger une pizza tous les deux, ce soir, après le boulot ?

Tiens ! Une variante de « Veux-tu sortir avec moi ? », un petit jeu qu'ils pratiquaient régulièrement. Les règles étaient simples : il l'invitait et elle refusait.

— Non, merci, Larry.

Il sourit.

— C'était juste pour vérifier.

— Larry ! appela Shane. Viens nous aider. Cette dalle de marbre pèse une tonne.

— Monsieur Muscle arrive ! Ensuite je m'occuperai de tes bancs, Riley. J'en ai pour une minute et je reviens.

C'était bien ce qu'elle craignait ! Aujourd'hui, elle tenait à se montrer à la hauteur de ses responsabilités. Et elle ne s'en sortirait jamais avec lui. Si seulement il pouvait s'intéresser à une autre…

2

L'estomac de Chloé se noua lorsque son père s'arrêta devant la maison de retraite Bellevue.

— Merci de m'avoir emmenée, papa. Je croyais que c'était plus loin que ça. Je rentrerai à pied.

Elle l'embrassa sur la joue mais ne fit pas mine de descendre.

— Eh bien, ma chérie. Tu n'y vas pas ?

— Je me demande vraiment ce que je viens faire ici. Je n'ai rien en commun avec des retraités. De quoi allons-nous parler ?

Jake sourit.

— Reste naturelle. Ce ne sont pas des extraterrestres. Je suis sûr que vous trouverez des tas de choses à vous dire.

« Quoi, par exemple ? » se demanda-t-elle en descendant de la voiture. Ils ne devaient s'intéresser ni à la mode ni aux derniers clips. Non, elle devait positiver. Elle accomplissait une bonne action. Et cela lui rapporterait des points sur son dossier d'entrée à l'université.

Chloé poussa la porte d'entrée. Elle aperçut aussitôt Amanda Gray, sa meilleure amie. Celle-ci consultait l'immense panneau d'affichage qui tapissait l'un des murs. Et Quinn Reyes, une autre élève du lycée, assise dans le hall, son téléphone portable collé à l'oreille.

Chloé salua Quinn de la main et se précipita vers Amanda.

— Salut ! Je ne pensais pas te retrouver ici.

— Moi non plus.

— Je me suis décidée à la dernière minute.

Chloé regarda autour d'elle. Deux vieilles dames bavardaient devant les boîtes aux lettres, à l'autre bout du hall. Un couple se dirigeait à pas lents vers la porte.

— Alors, que devons-nous faire ? Sauter sur le premier qui passe pour lui demander à quoi nous pouvons lui être utile ?

Amanda éclata de rire et se passa la main dans les cheveux.

— Pas exactement. Quand la directrice de Bellevue, Mme Carpenter, est venue nous voir au lycée, elle nous a dit qu'elle nous présenterait les gens qui souhaitaient nous rencontrer. On va l'attendre.

Amanda se dirigea vers un fauteuil. Chloé examina un moment le tableau d'affichage. Il était couvert de menus de restaurants qui livraient à domicile, de permanences téléphoniques relatives au troisième âge, d'horaires de bus, de brochures concernant des musées et des concerts. Il y avait même une « liste des anniversaires à souhaiter ».

Chloé entendit un bruit de pas derrière elle et se retourna.

Un garçon aux yeux gris et aux cheveux bruns bouclés la dévisageait d'un petit air malicieux, comme s'il venait de lancer une remarque amusante. Il était très mignon. Chloé l'avait déjà vu. Il venait d'arriver au lycée.

Cet après-midi à la maison de retraite lui paraissait déjà moins pénible. Quel dommage qu'elle ait mis une tenue aussi classique ! Heureusement qu'elle portait son collier ras de cou en turquoise et son bracelet tissé en perles !

— Bonjour ! dit-elle avec un grand sourire.

— Salut. (Il s'avança d'un pas.) Je m'appelle Lennon Porter.

— Chloé Carlson. Je t'ai aperçu au lycée.

Elle remarqua que ses yeux n'étaient pas gris mais d'un superbe bleu acier qui allait à merveille avec ses cheveux bruns.

— Moi aussi, je t'ai vue. Je t'ai même vue double.

Chloé éclata de rire.

— Je devais être avec Riley, ma sœur jumelle.

— J'avais deviné. Donc, toi, tu es Chloé.

— C'est ça.

Elle adorait la façon dont il la regardait.

— Et laisse-moi encore deviner. Tu es venue ici accomplir ton devoir de bonne citoyenne de Malibu.

— Tu veux parler du travail d'intérêt public ? Oui.

— Je m'en doutais. C'est la première fois que je te croise ici.

— Pourquoi ? Tu es un habitué ? Tes grands-parents vivent ici ? Je croyais que tu t'étais porté volontaire, toi aussi.

— Non, je passe régulièrement depuis que nous sommes revenus à Malibu.

— Quoi, tu as déjà vécu dans la région ?

— Oui, quand j'étais petit. Mais j'ai suivi ma mère lorsqu'elle est partie travailler au Japon, puis en Inde et en Italie.

— Quelle chance ! Je suis très impressionnée.

— Il n'y a pas de quoi.

— Je n'ai pratiquement jamais quitté la Californie. Nos parents nous ont emmenées une fois visiter le Grand Canyon. C'était super. Et qu'est-ce que tu fais là ? demanda-t-elle d'un ton qui se voulait détaché.

— Je m'occupe de Mme Scanlon et de Mme Davidson. Elles sont veuves. Et aussi cousines. Elles partagent un appartement. C'est très amusant. J'adore ça.

— Ah oui ?

Chloé ne voyait pas quel plaisir il pouvait y trouver.

— Je sais que la plupart des élèves ne rendent visite aux personnes âgées que parce que ça fait bien sur leur dossier de candidature à l'université, ajouta Lennon avec un petit sourire narquois. Enfin, ne t'inquiète pas, ajouta-t-il à mi-voix, je ne le répéterai pas.

— Mais... mais je ne suis pas venue pour ça ! bredouilla-t-elle. Pourquoi dis-tu ça ?

— À cause de ta tenue.

— Ma tenue ? Qu'est-ce que tu lui reproches ?

Il haussa les épaules.

— Rien. Sauf que tu t'habilles différemment d'habitude. On sent que tu as décidé de plaire à des gens d'un certain âge. Tu n'es pas naturelle. Tu joues un personnage. Tu ne t'impliques pas sérieusement.

Chloé sentit ses joues s'enflammer. Pour qui se prenait-il ? D'accord, elle n'était pas ravie d'être ici. Et elle ne serait peut-être pas venue si cela n'avait pas rapporté des points sur son dossier. Ce qui ne voulait pas dire qu'elle y mettait de la mauvaise grâce. Qu'il ait fait le tour du monde ne lui donnait pas le droit de la juger.

— Tu te trompes. J'aime aider mon prochain.

— Vraiment ? (Le petit sourire narquois se dessina à nouveau sur ses lèvres.) Et qu'as-tu déjà fait dans le même genre ?

Chloé réfléchit. Elle avait bien collecté des boîtes de conserve au profit du Cambodge quand elle était en CM2, mais c'était tout. Mieux valait se taire…

— Alors ? insista-t-il avec un rictus de plus en plus insupportable.

— Je ne vois pas pourquoi je te le dirais !

— Comme tu voudras !

Sans cesser de sourire, il se dirigea vers deux vieilles dames qui discutaient près des boîtes aux lettres.

— Bonjour, madame Scanlon. Bonjour, madame Davidson. Qu'avez-vous prévu aujourd'hui ?

Elles l'accueillirent avec un grand sourire.

— Nous t'attendions pour décider. Allons vite au salon.

— Wahou ! Qu'il est mignon ! s'écria Quinn en refermant son portable d'un claquement sec. Qui est-ce ?

— Lennon Porter, répondit Chloé entre ses dents. Ne te laisse pas avoir par son joli sourire. C'est un goujat !

— Hé, les filles ! les appela Amanda. Mme Carpenter est arrivée. Elle nous attend au salon.

Chloé et Quinn suivirent Amanda dans une grande salle, située derrière le hall. Lennon bavardait avec les deux vieilles cousines. Elles l'avaient pris chacune par un bras et riaient en l'écoutant, totalement sous son charme.

Chloé leva les yeux au ciel.

— Bienvenue à vous, commença Mme Carpenter, à l'intention de Chloé et de ses amies. Merci de votre visite. Cela nous touche beaucoup. Et nous sommes sûrs que vous trouverez cette journée gratifiante, vous aussi.

Chloé examina la pièce. Elle était confortablement meublée avec de profonds canapés, une télévision, deux ordinateurs et des étagères remplies de livres, de jeux de cartes et de jeux de société. Les murs étaient décorés de tableaux aux couleurs vives.

Lennon et les deux cousines s'étaient assis sur un canapé. Deux autres dames s'étaient installées près des ordinateurs. Mme Carpenter présenta Amanda à l'une d'elles, une certaine Mme Lowe, et Quinn à l'autre, Mme Steiner. Puis elle s'approcha de Chloé.

— Voyons, tu dois être Chloé, dit-elle en consultant sa liste.

Chloé hocha la tête avec un petit sourire.

— Je t'ai réservé M. Simms. Il se trouve là-bas, derrière le ficus.

Chloé aperçut un vieux monsieur à moitié caché par une grosse plante verte. Il était penché sur un journal, sa canne posée sur ses genoux.

Bip, bip, bip. Mme Carpenter sortit un boîtier de sa ceinture et regarda le numéro.

— Excuse-moi ! Oh, mon Dieu ! Je dois rappeler immédiatement. Je te laisse aller te présenter seule, Chloé. Je reviens vite.

« Bon, allons-y, pensa Chloé en traversant la salle. Soyons enjouée et chaleureuse que Lennon voie que j'y mets tout mon cœur. »

— Bonjour, monsieur Simms ! Je suis Chloé Carlson ! gazouilla-t-elle.

Le vieux monsieur ne leva même pas la tête de son journal. Il devait être dur d'oreille. Elle s'éclaircit la voix.

— BONJOUR, MONSIEUR SIMMS ! JE SUIS CHLOÉ CARLSON !

Il sursauta et faillit en laisser tomber son journal.

— Inutile de hurler comme ça, jeune fille. C'est d'une canne que je me sers, pas d'un sonotone.

Chloé rougit de honte, très gênée. Heureusement, personne n'avait rien remarqué. Sauf Lennon. Et il ricanait, bien sûr.

Elle le fusilla du regard et se pencha vers M. Simms.

— Je suis désolée. Je ne voulais pas vous effrayer. Je m'appelle Chloé.

— J'avais entendu !

— Alors… euh… avez-vous envie de faire quelque chose de particulier aujourd'hui ? minauda-t-elle.

— Nan !

Génial ! Il ne lui restait plus qu'à trouver des idées. Et Lennon continuait à l'observer, son rictus aux lèvres. Elle serra les dents. Il attendait qu'elle craque. Ou qu'elle s'en aille. Eh bien, elle ne lui donnerait pas satisfaction.

Elle se retourna vers M. Simms avec un visage rayonnant. Mais sans la moindre idée à proposer.

Paniquée, elle épia les autres groupes. Lennon emmenait les deux cousines au jardin. Quinn et Mme Steiner s'en allaient, elles aussi. Amanda était penchée sur un ordinateur avec Mme Lowe.

Cela lui donna une idée. Si elle pouvait intéresser M. Simms à l'informatique, elle tiendrait un sujet de conversation. Ou cela lui permettrait au moins de tuer le temps.

— J'aperçois un ordinateur libre, dit-elle. Si vous ne savez pas vous en servir, je pourrai vous apprendre. Cela vous permettra de faire des achats, ou d'écrire à vos amis ou…

— Je connais, la coupa-t-il. Et je déteste ça.

— Ah bon… Et que diriez-vous de jouer aux cartes ? suggéra-t-elle.

— Le seul jeu valable, c'est le poker. Et nous ne sommes pas assez nombreux pour y jouer.

— Et le Scrabble ? Le Monopoly ? Le backgammon ? énuméra-t-elle, quelque peu découragée. Et la télé ? Ou préférez-vous que je vous fasse la lecture ? Non pas que je croie que vous ayez mauvaise vue, s'empressa-t-elle d'ajouter, de peur de le vexer à nouveau.

— J'ai soixante-dix-huit ans ! Je ne vois plus rien !

Pouh ! Quel grincheux ! Mais elle devait rester aimable quoi qu'il arrive. Elle prit une profonde inspiration.

— Alors je vous lis quelque chose ? insista-t-elle de sa voix la plus suave.

— Pourquoi pas ? bougonna-t-il avec un haussement d'épaules.

— Qu'est-ce qui vous ferait plaisir ?

Nouveau haussement d'épaules.

— Pas de problème ! déclara Chloé d'une voix résolument enjouée. Je vais vous citer quelques titres et vous m'arrêterez si l'un d'eux vous tente.

Elle s'approcha de la bibliothèque et s'agenouilla.

— Bon, nous avons déjà des livres d'histoire. La Première Guerre mondiale, la Seconde, beaucoup d'ouvrages sur la Californie...

— Tous plus ennuyeux les uns que les autres !

Surtout ne pas s'énerver.

— Et la poésie, vous aimez ?

— Bah !

Elle continua à fouiller les étagères.

— Je vois des œuvres de Mark Twain et de Charles Dickens.

Pas de réaction.

— Des romans d'amour, des romans d'aventures… Oh ! Voilà des mystères ! Ça devrait être drôle.

Pas de réponse. Chloé étouffa un soupir.

— Des livres de cuisine… de bricolage… des biographies. Vous aimez les biographies ?

Silence total.

Peut-être n'avait-il pas envie qu'on lui fasse la lecture. Après tout, il n'avait pas vraiment sauté de joie devant sa proposition. Mieux valait lui trouver une autre distraction.

Elle se retourna. M. Simms avait disparu !

Chloé n'en revenait pas. Elle avait le pressentiment qu'elle s'apprêtait à vivre un long après-midi à Bellevue. Très, très long.

3

Chloé cherchait partout M. Simms. Où était-il passé ? N'avait-elle pas été assez gentille et patiente avec ce vieux ronchon ? Pourquoi l'humiliait-il ?

Chloé traversa le salon et scruta le hall. Rien. Elle se dirigea vers les ordinateurs.

— Amanda, tu n'as pas vu M. Simms s'en aller ?

Amanda et Mme Lowe secouèrent la tête.

— Depuis que nous avons mis le nez dans Internet, le monde extérieur n'existe plus, gloussa Amanda.

— Oui, je viens juste de découvrir un site fabuleux, déclara Mme Lowe avec un grand sourire. J'achète aux enchères un collier ancien.

Chloé se dirigea vers le hall. M. Simms n'avait pas pu aller très loin. Elle aperçut les boîtes aux lettres. Alors qu'elle se précipitait pour chercher le numéro de l'appartement du vieux monsieur, Mme Carpenter sortit de son bureau.

— Je suis désolée, mais ce coup de fil m'a pris plus de temps que prévu, Chloé. Comment ça va, avec M. Simms ?

Chloé n'osa pas lui avouer la vérité.

— Eh bien… euh…

Heureusement, le téléphone se remit à sonner dans le bureau de Mme Carpenter. Avec un sourire d'excuse, la directrice fit demi-tour.

Chloé examina les boîtes aux lettres.

— Simms… Simms… Ah, le voilà ! H. Simms. Appartement 81.

S'il n'était pas chez lui, elle préviendrait Mme Carpenter. Oui, le pauvre homme pouvait avoir fait une chute. Ou un malaise !

Elle suivit un couloir, puis un autre, trouva enfin le 81 et sonna.

— Monsieur Simms ? appela-t-elle. Monsieur Simms ?

Elle sonna de nouveau.

Pas de réponse.

De plus en plus inquiète, elle regagna le hall au moment où Lennon et les deux cousines revenaient de leur promenade.

— Vous n'auriez pas vu M. Simms ? haleta-t-elle.

— Qu'as-tu fait à ce malheureux ? s'enquit Lennon, le sourcil interrogateur.

— Rien du tout. Il s'est éclipsé dès que j'ai eu le dos tourné !

— Ne t'inquiète pas, ma chérie, dit l'une des vieilles dames. Harry a dû aller dans le solarium. À propos, je me présente, je suis Mme Scanlon. Viens, allons voir s'il est là-bas.

Les deux cousines se dirigèrent avec Lennon vers le fond du hall. Chloé les suivit en croisant les doigts.

— Alors, comment trouves-tu Harry ? s'enquit Mme Davidson.

Chloé hésita. Une fois de plus, elle n'osa dire le fond de sa pensée.

— Eh bien...

Mme Davidson éclata de rire.

— Je sais. Quel râleur ! Je l'ai toujours connu comme ça. C'est dommage, il paraît qu'autrefois c'était un séducteur et qu'il adorait sortir et danser.

— Vous êtes sûre que nous parlons du même M. Simms ?

— Oui, quand il était plus jeune, ajouta Mme Scanlon. Je ne l'ai pas connu non plus, mais on prétend qu'il était charmant. C'est difficile à croire, hein ?

— Vous aviez raison, madame Scanlon ! s'exclama Lennon. Il est là.

Chloé entra dans une grande pièce vitrée, au sol carrelé, remplie de plantes vertes et de meubles de jardin garnis de coussins moelleux. M. Simms était allongé sur une chaise longue et ronflait doucement.

Elle n'en croyait pas ses yeux. Il s'était échappé pour aller faire la sieste ! Quel culot ! Elle avait envie de tout plaquer là.

— Bravo, Chloé ! (Lennon lui décocha un coup de coude et lui sourit de son petit air suffisant.) Tu l'as tellement ennuyé qu'il s'est endormi.

— Merci, Lennon, répondit-elle avec un grand sourire hypocrite.

Elle pénétra dans le solarium.

Si saint Lennon croyait qu'elle se laisserait décourager, il se trompait. Elle allait lui prouver qu'elle était aussi douée que lui, si ce n'est plus !

Riley passa le jardin en revue. La première étape de son programme était presque achevée. Ils avaient nettoyé et réparé tout ce qui devait l'être.

« Les choses se présentent bien », songea-t-elle, le front en sueur.

— Tu as chaud, constata Larry. Tu veux faire une pause ? J'ai du jus de mangue, si ça te dit.

— Non, merci, Larry, pas maintenant. (Elle avait soif, mais il était trop tôt pour s'arrêter.) Je préfère qu'on s'occupe d'abord des buissons et des plates-bandes.

C'était la deuxième partie de son plan : nettoyer les massifs, tailler les plantes qui pouvaient être sauvées et arracher celles qui étaient mortes.

— Viens, proposa-t-elle, on va aider Shane et Lauren à remonter les bordures de béton.

Malheureusement, la plupart des bordures avaient été cassées et il fallait les enlever. Chloé devrait chercher où elle pourrait s'en procurer de nouvelles.

— Hé, Riley, où est passé Dean ? demanda Shane.

— Il avait entraînement de basket.

Elle devrait lui téléphoner ce soir pour lui rappeler d'apporter la scie électrique de son père. Quoi d'autre ? Pas facile de penser à tout. Il faudrait qu'elle se fasse un planning quand elle rentrerait chez elle. Cela l'aiderait à ne rien oublier. Elle pourrait même le montrer à M. Watkins : il verrait qu'elle avait la situation en main.

— Comment a-t-il pu s'en aller si tôt alors qu'on est débordés de travail ? rétorqua Shane.

— Ça va aller, la rassura Riley. Si on continue à travailler à ce rythme, ce sera magnifique, tu verras.

Riley se pencha pour ramasser un morceau de bordure cassée et aussitôt Larry se baissa, lui aussi. Vite, elle se dirigea de l'autre côté du massif. Larry la suivit. Riley poussa un soupir. Elle n'arriverait jamais à s'en débarrasser.

— Riley, dit-il en jetant un bout de bordure d'une main dans l'autre. Si au lieu d'aller manger une pizza… (Le morceau de béton lui échappa et tomba sur le pied de Riley.) Oh, pardon, Riley !

Heureusement qu'elle portait des bottes !

— Ce n'est pas grave. Écoute, Larry, si tu prenais ce côté du massif pendant que je m'occupe de l'autre ?

— C'est toi le chef.

Il voulut saluer comme un militaire… et lui accrocha le menton.

— Oh ! Désolé. Ça va ?

— Oui, oui.

Il commençait sérieusement à l'agacer. Et il l'empêchait de se concentrer. Ce soir, elle chercherait une tâche qui l'occupe réellement.

Déjà, en l'envoyant de l'autre côté du massif, elle pouvait travailler plus vite. Shane et Lauren avançaient bien, eux aussi, et le tas de bordure brisée grossissait.

— Je crois que nous avons terminé ! annonça Lauren en s'époussetant les mains.

Riley était en sueur.

— Génial ! Nous pouvons commencer à nettoyer les plantes et à les tailler !

— Tu es sûre que tu ne veux pas faire une pause, Riley ? la pressa Larry.

— Non, je préfère continuer. Je n'imaginais pas que le déblayage des bordures nous prendrait si longtemps. Il faut s'attaquer aux massifs, maintenant.

— C'est toi le chef.

Larry et Lauren prirent un râteau. Et Shane et Riley se mirent à tailler les buissons qui bordaient une allée.

— Tu sais ce qu'il nous faudrait ? demanda Shane.

— Des lattes pour les bancs. De la peinture. Des fleurs...

— Non, de la musique. J'apporterai mon radiocassette lundi.

— Cool ! Attends ! (Riley le dévisagea.) Comment ça, lundi ? Tu ne viens pas demain ?

Le lendemain était un samedi.

— Non, je dois aller chez mes grands-parents.

Riley hocha la tête. Elle ne pouvait pas exiger qu'il laisse tomber ses grands-parents. Mais elle avait prévu de finir le nettoyage le lendemain avec Larry et Lauren pendant que Shane et Dean couperaient les nouvelles lattes des bancs.

Tant pis, elle découperait les lattes à sa place, la belle affaire ! Et elle resterait plus longtemps ce soir pour ne pas prendre de retard.

George Watkins vint voir où en était le chantier.

— Alors, comment ça se passe ? Pas de problèmes ?

— Non, tout va pour le mieux.

L'architecte regarda autour de lui.

— Où est Dean ?

— Il a dû partir. Il sera là demain.

— Parfait. On recevra aussi de la terre demain.

De la terre ? Pour quoi faire ? Ils en avaient déjà bien assez !

— Du bon terreau pour les fleurs, précisa-t-il. Il sera livré en sacs. Vous n'aurez plus qu'à l'étaler sur les massifs.

— OK.

Là, elle n'avait plus le choix. Elle devrait vraiment faire des heures supplémentaires.

— Bon, tu as l'air de t'en sortir très bien. À plus tard.

— À plus tard, monsieur Watkins.

D'accord, elle n'avait pas prévu qu'on lui livrerait de la terre, mais quoi ? Ça n'allait quand même pas leur prendre des heures de l'étaler sur les massifs !

Malheureusement, ils n'avaient qu'une semaine devant eux et chaque minute comptait. Elle saisit une branche qu'elle voulait tailler et poussa un cri.

Shane se tourna vers elle.

— Oh, j'ai oublié de te prévenir. Ces buissons sont pleins d'épines.

Riley contempla sa main. Elle saignait.

— Sans blague !

Larry apparut aussitôt à son côté.

— Qu'est-ce qui t'arrive ?

— Elle nous joue « Ronce attaque » ! plaisanta Shane.

— Montre-moi. Tu saignes !

Riley s'essuya sur sa salopette.

— Ce n'est rien.

— Qu'est-ce qu'on fait maintenant ? intervint Lauren.

— Et si on arrêtait pour aujourd'hui ? proposa Larry. Riley s'est blessée.

— Mais puisque je te dis que ce n'est rien ! protesta celle-ci.

— Tu es sûre ?

— Oui !!! hurla-t-elle. (Il l'étouffait et l'empêchait de réfléchir.) On va juste faire une pause, dit-elle à Lauren.

— Bonne idée, acquiesça Shane.

— Pas plus de dix minutes ! précisa Riley.

Shane planta son sécateur dans la terre et se dirigea vers la clairière.

— Je vais chercher le jus de mangue, annonça Larry en décochant un grand sourire à Riley.

Riley poussa un soupir. Elle devait trouver un moyen de se débarrasser de lui et vite ! Elle aperçut alors son amie Sierra Pomeroy qui venait vers elle. Elle courut à sa rencontre.

— Salut, Sierra ! Qu'est-ce que tu fais là ?

Sierra rejeta ses longs cheveux roux dans son dos. Elle jouait dans un groupe de rock avec Alex, le petit ami de Riley.

— Je vais à la répétition des Wave. Et je voulais voir au passage comment vous vous en sortiez. Super, ta salopette ! C'est ça que je devrais porter. Je pourrais m'habiller comme je veux en dessous et ça me ferait gagner un temps fou.

Riley éclata de rire. Les parents de Sierra la forçaient à porter des vêtements ultra classiques et elle se changeait en cachette tous les matins en arrivant au lycée.

— Salut, Sierra.

Larry tendit une canette de jus de mangue à Riley.

— Salut, Larry.

Riley poussa un soupir. Il fallait absolument qu'elle parle de Larry à son amie. Elle prit la canette et la lui tendit.

— Tiens, Sierra. Tu as l'air de mourir de soif.

— Euh…

Riley leva les yeux au ciel en montrant Larry du menton.

— Oui, oui, bien sûr. (Sierra s'empressa de prendre la canette.) Merci, Larry.

— Attends, Riley. Je fonce t'en chercher une autre.

— Il me rend folle. Il ne me lâche pas d'une semelle, confia Riley à Sierra lorsque Larry se fut éloigné.

— Ce n'est pas nouveau ! Il est amoureux de toi depuis la maternelle !

— Oui, mais là il me gêne. Ce jardin représente un travail colossal et c'est moi la responsable.

— Bravo !

— Je peux y arriver, je le sais. Seulement je dois penser à mille choses à la fois. Et je ne peux pas faire un pas sans tomber sur Larry. Il m'a apporté plein de trucs à grignoter. Et il veut m'emmener manger une pizza après. Et quand je me suis piquée avec une épine, j'ai cru qu'il allait me transfuser !

— Il veut juste t'aider. Je le trouve adorable.

— Sierra, il faut que tu m'aides.

— Comment ?

— Tu aimes bien Larry, n'est-ce pas ?

— Il est sympa.

— Alors, s'il voulait sortir avec toi, tu accepterais ?

Sierra la dévisagea, sidérée.

— Qui, moi ?

Riley jeta un regard inquiet vers Larry qui s'était arrêté pour parler avec Shane et Lauren.

— Si Larry fréquentait une fille, il me lâcherait peut-être un peu les baskets. Et je pourrais me concentrer sur le jardin, tu comprends ?

— Tu me demandes de sortir avec Larry ?

— Je t'en prie. Dis oui. Je sais que c'est énorme, mais je suis vraiment désespérée !

— Bon… d'accord.

— Merci ! Merci ! Merci !

— Je te préviens, j'attendrai qu'il fasse le premier pas, ajouta Sierra.

— Ne t'inquiète pas, je m'en occupe !

4

— Et n'oublie pas la scie électrique ! recommanda Riley à Dean, le soir même au téléphone. C'est génial que ton père veuille bien te la prêter ! À demain !

Elle raccrocha.

— Heureusement que je l'ai appelé, dit-elle à Chloé qui se préparait à sortir. Il ignorait qu'on devait travailler demain.

Chloé appliqua un peu de brillant rose perle sur ses lèvres.

— Tu parles, c'est samedi !

— Je sais. Mais on n'a plus beaucoup de temps devant nous.

Riley prit son carnet et relut le programme qu'elle avait établi. Elle avait eu beau travailler plus tard que prévu, le taillage n'était pas terminé. Elle espérait le finir le lendemain. Puis il faudrait mettre la terre sur les plates-bandes et refaire les bordures.

— Le bois ! s'écria-t-elle. J'ai mesuré les bancs mais j'ai complètement oublié d'appeler la scierie pour passer ma commande.

— Tu le feras demain matin, à la première heure.

— Oui, tu as raison.

Riley griffonna quelques mots et les souligna trois fois. Elle relut encore son programme. Aurait-elle oublié autre chose ? Non, elle ne voyait rien à ajouter.

— Jusqu'à maintenant, tout se présente bien. J'ai hâte d'être à demain.

— Je n'en dirais pas autant, gémit Chloé. Je n'ai aucune envie de revoir Lennon Porter.

Elle avait raconté ses déboires à sa sœur.

— Tu n'as qu'à l'ignorer.

— Impossible. Il est tout le temps à l'affût. Quand je pense que je l'ai trouvé mignon la première fois ! Oh, comme j'aimerais lui faire perdre son petit sourire prétentieux !

Chloé finissait de se préparer pour le concert des Wave.

— Que dirais-tu si tu étais à ma place ! Moi, je dois arriver à convaincre Larry de sortir avec Sierra !

— Quoi !

Riley lui expliqua rapidement son plan.

— Tu rêves ! Larry est amoureux de toi.

— On ne sait jamais. S'il fréquente une autre fille, il comprendra peut-être que nous sommes seulement amis. Réfléchis. Il pourrait même m'oublier. Oui, c'est décidé : je passe à l'action dès ce soir. Souhaite-moi bonne chance.

— Bonne chance ! lança Chloé alors que Riley attrapait sa veste et se ruait vers l'escalier.

Riley prit le chemin du *California Dream*, le café sur la plage où les Wave avaient donné leur premier concert. Ils y avaient remporté un grand succès et revenaient régulièrement y jouer.

Lorsqu'elle arriva, l'orchestre se préparait. L'estrade était installée sur le sable et Saul, le batteur, donnait le rythme tandis que Marta faisait des rifs sur son clavier. Alex et Sierra accordaient leurs guitares.

Alex vint à la rencontre de Riley.

— Bonjour, lança-t-il avec un grand sourire.

Riley sentit son cœur battre la chamade.

— Salut. On dirait que vous allez avoir du monde, ce soir.

— Oui, c'est génial. Mais le plus important pour moi, c'est que tu sois là.

Le pouls de Riley accéléra encore. Alex se pencha et l'embrassa.

— Je ferais mieux d'aller me préparer. On se retrouve après, d'accord ?

— D'accord.

Pendant qu'il partait rejoindre Sierra, Riley chercha Larry dans la foule. Comme par hasard, il venait vers elle. Il était temps de passer à l'action.

— Salut, Riley. Je te cherchais ! Tu veux qu'on aille s'asseoir quelque part ?

— Oui, suis-moi.

Il la dévisagea, sidéré.

Tu veux bien ?

— Oui. Viens.

Riley le conduisit à un endroit d'où l'on voyait parfaitement l'estrade.

— Ici, c'est parfait, dit-elle en se laissant tomber sur le sable. J'aime être près de la scène surtout quand c'est Sierra qui chante.

— Oui, elle est agréable à regarder, acquiesça Larry.

— Elle a beaucoup de talent. Premier violon dans l'orchestre du lycée, guitare basse des Wave… Et en plus, elle chante divinement !

Larry hocha la tête, les yeux fixés sur Sierra.

Riley l'observa à son tour. Sierra portait un jean noir, un petit débardeur rouge, et des paillettes brillaient dans ses cheveux roux.

— Elle est superbe, ce soir, tu ne trouves pas ?

— Comme toujours. Dis, Riley, tu veux qu'on aille manger ensemble après le spectacle ?

— J'irai sans doute quelque part avec Alex.

— Et demain ? Après le jardinage, on pourrait...

— Écoute, Larry. Tu oublies que je sors avec Alex. Tu sais ce que tu devrais faire ?

— Non. Quoi ?

— Tu devrais plutôt inviter Sierra.

Il écarquilla les yeux.

— Tu crois ?

— Elle t'aime bien. Je suis sûre qu'elle acceptera.

— Dans ce cas... (Larry regarda Sierra.) Je vais lui demander.

Finalement, elle n'avait eu aucun mal à le convaincre. Elle n'en revenait pas.

Le groupe se lança dans son premier morceau, une chanson très rythmée, et tout le monde se mit à danser sur le sable.

Riley sauta et dansa avec les autres. La vie était belle. Si Larry la laissait respirer, elle pourrait se concentrer sur la réfection du jardin.

Elle l'observa subrepticement. Il frappait dans ses mains en souriant à Sierra. Il ne la quittait plus des yeux. Riley secoua la tête. Mince ! Il l'avait quand même vite oubliée !

« Voilà qui devrait plaire à M. Simms », songea Chloé, face au panneau d'affichage. Elle relut la petite affiche.

— Chloé Carlson ! s'écria Lennon Porter en entrant dans le hall. Tu es revenue !

— Bien sûr. Tu as l'air surpris. Tu croyais que j'allais abandonner, ou quoi ?

— Non, ce qui m'étonne c'est que tu aies renoncé à ton déguisement de l'autre jour.

Chloé contempla son corsaire rose et son petit T-shirt en coton blanc puis leva les yeux au ciel. Elle avait en effet décidé de s'habiller normalement, mais jamais elle ne reconnaîtrait que Lennon y était pour quelque chose.

— En tout cas, je suis content de te voir, ajouta-t-il.

Chloé le dévisagea d'un œil méfiant.

— Oh ! Et où sont les cousines ?

— Dans leur appartement, sans doute. Je dois les aider à repeindre leur salle de séjour. Et toi, qu'as-tu prévu avec M. Simms ?

— Mme Scanlon m'a dit hier qu'il aimait sortir et danser autrefois. Je voulais lui proposer d'aller au goûter dansant du foyer des anciens, répondit-elle en tapotant l'affichette. C'est tout près d'ici. C'est une bonne idée, non ?

— Oui, excellente.

— Merci.

Chloé aimait bien la lueur dans ses yeux quand il souriait. Et son idée semblait lui plaire. Peut-être n'était-il pas si méchant que ça…

— Sauf que… continua-t-il.

Elle avait parlé trop vite.

— Sauf que quoi ?

— Sauf que M. Simms a déjà des difficultés à marcher avec une canne. Je le vois mal danser !

— Tu permets que je lui demande son avis ? rétorqua-t-elle, vexée de ne pas y avoir pensé.

— Oh, excuse-moi ! ajouta-t-il, son affreux petit rictus de nouveau sur les lèvres. J'avais oublié que tu étais experte en personnes âgées.

Il la laissa plantée là sans qu'elle trouve rien à répondre. Pourquoi n'arrivait-elle jamais à lui clouer le bec ? Et pourquoi mettait-il toujours le doigt sur ce qui n'allait pas ?

Elle aperçut Amanda, Quinn et leurs vieilles dames qui sortaient du salon.

— Bonjour, mesdames. Auriez-vous vu M. Simms ?

— Oui, répondit Amanda, mais je crois qu'il s'est endormi.

— Il passe son temps à somnoler, ajouta Mme Lowe.

Génial ! Devait-elle le réveiller ?

— Où allez-vous ?

— Faire des courses, dit Quinn. Tu veux venir ? Nous prenons la navette pour le centre commercial.

— Elle devrait arriver d'une minute à l'autre, précisa Mme Steiner. Nous allons l'attendre dehors.

— D'accord. Peut-être à tout de suite.

Chloé se dirigea vers le salon. Que préférerait M. Simms ? Les magasins ou le thé dansant ?

Elle trouva le vieux monsieur dans le même fauteuil que la veille, à moitié caché derrière le ficus.

— Bonjour, monsieur Simms, gazouilla-t-elle. Comment allez-vous ?

— Tu es revenue !

Il avait l'air aussi surpris que Lennon.

— Eh oui, répondit-elle, sans se laisser démonter. Quelle belle journée nous avons et…

— Ça devrait se couvrir ce soir, la coupa-t-il.

— Nous n'y sommes pas encore ! Et si nous profitions de ce beau temps pour prendre la navette et...

— Trop tard.

— Hein ?

Il lui fit signe par-dessus son épaule. Chloé regarda par la fenêtre et vit le bus qui repartait.

Elle eut un petit rire forcé.

— Eh bien, c'est raté !

Que faire ? Inutile de lui proposer de la lecture. Il ne voulait pas jouer aux cartes et l'ordinateur ne l'intéressait pas. En revanche, quoi que dise Lennon, il pouvait marcher. Ne s'était-il pas éclipsé à une vitesse étonnante, la veille ?

— Et si nous allions nous promener au bord de la mer ? suggéra-t-elle. La plage est juste à côté.

M. Simms donna un coup de canne sur le sol et se leva.

— Un peu d'air frais ne me fera pas de mal.

— Magnifique ! s'écria Chloé, soulagée d'avoir enfin trouvé une occupation qui lui plaisait.

M. Simms marchait vite, malgré sa canne, et ils atteignirent bientôt le bord de mer. Le chemin, très fréquenté, était bordé de stands qui vendaient de tout, des glaces aux T-shirts en passant par les tongs.

— Comme ça sent bon l'océan ! (Chloé inspira profondément.) Ça me donne faim. Et vous, M. Simms ? Que diriez-vous d'un hot-dog ?

— Elle veut m'empoisonner ! marmonna-t-il.

— Alors un fruit, peut-être ?

— Contentons-nous de marcher. C'est joli par ici. Je prenais beaucoup de photos dans le temps.

Chloé n'en croyait pas ses oreilles. Il avait dit que c'était joli. Commencerait-il à s'amadouer ?

— Oui, c'est vrai. J'habite un peu plus loin, sur la plage, et je finis par ne plus le remarquer.

— Oui, parfois les gens ne se rendent pas compte de la chance qu'ils ont. Il faut prendre le temps de profiter des petites choses de la vie. Le ciel, les fleurs, l'océan... surtout que c'est gratuit !

— Vous avez raison.

Chloé éclata de rire. Elle était ravie de voir qu'il n'était pas toujours grincheux. Peut-être avait-il été contrarié la veille. Et si elle lui parlait du thé dansant ? Ils pourraient y aller une autre fois.

— Vous savez, j'adore danser. (Il la dévisagea. Était-ce le début d'un sourire qu'elle devinait sur ses lèvres ?) Et vous, monsieur Simms ? Vous…

— Attention ! cria une voix.

Chloé poussa un cri. Une bande de jeunes en rollers leur fonçait dessus.

— Vite ! Écartez-vous !

Chloé tira le vieillard par le coude et ils s'effondrèrent sur un banc tandis que les patineurs fous les rasaient dangereusement.

— Nous avons eu chaud ! Ils n'ont même pas ralenti. Ça va, monsieur Simms ?

— Je n'aurais pas dû venir, bougonna-t-il. C'est trop dangereux…

— Nous ne risquons plus rien. Ils sont partis.

— Ils reviendront. Rentrons avant de nous faire écraser.

Avec un petit sourire triste, Chloé reprit la direction de Bellevue. M. Simms ne parlait plus. Quel dommage ! Leur promenade avait si bien commencé !

À leur retour à la maison de retraite, ils croisèrent Lennon dans le hall.

— Alors, vous êtes allés danser ? se renseigna-t-il.

— Non ! rétorqua M. Simms. Nous sommes allés sur le bord de mer et j'ai failli me faire écraser par une bande de maniaques en patins à roulettes !

— Tu aurais dû m'en parler, Chloé, soupira Lennon. Je t'aurais prévenue. Le chemin est envahi tous les samedis par ce satané club de rollers.

Il fallait, une fois de plus, que Monsieur Je-Sais-Tout ramène sa science !

5

— Manuelo, j'aurais besoin d'un conseil, déclara Chloé le dimanche matin alors qu'elle prenait son petit déjeuner.

Sa chienne Pepper était couchée sous sa chaise, la truffe sur ses pieds.

— Je t'écoute, répondit le majordome sans cesser de surveiller le gaufrier.

— C'est au sujet de M. Simms.

— Ah, le vieux monsieur de la maison de retraite ?

— Oui. Voilà : si tu avais soixante-dix-huit ans, quel genre de distraction te tenterait ?

Manuelo se tapota le menton.

— Hmmm… Je sais ! Une jolie dame de soixante-cinq ans !

— Manuelo, je suis sérieuse ! J'ai vraiment besoin d'idées. Jusqu'à présent, j'ai lamentablement échoué sur le plan des relations avec les personnes âgées.

— Réfléchissons. Et en même temps, profites-en pour déguster cette gaufre.

Riley parut à la porte de la cuisine dans son grand T-shirt jaune.

— Au secours ! Donnez-moi à manger ! s'écria-t-elle d'un ton théâtral.

— Assieds-toi, dit Manuelo en remettant de la pâte dans le gaufrier. Où est ta mère ?

Riley prit un verre dans le placard.

— Sous la douche. Je meurs de faim. C'est sans doute à cause de cette terre que j'ai pelletée hier.

Chloé glissa discrètement un petit morceau de gaufre à sa chienne.

— Je croyais que tu devais scier du bois ?

— Ne m'en parle pas. La lame de la scie était morte et nous n'avons pas pu réparer les bancs faute de bois. La scierie ne le livrera que demain matin.

— Les massifs de fleurs sont terminés, au moins ?

— Pas encore.

Le téléphone se mit à sonner. Riley décrocha.

— Allô ?

Chloé la regarda d'un air rêveur et mordit dans sa gaufre. Riley saurait peut-être comment distraire M. Simms. Mais elle était déjà bien préoccupée par son jardin sans qu'elle aille l'ennuyer avec ça.

— Quoi ! Ça y est ! Larry t'a invitée ? (Riley agita un poing triomphal.) Bien sûr qu'on peut sortir tous les quatre ensemble. J'appelle Alex !

Chloé se réjouit de voir que la situation s'arrangeait pour sa sœur. Hélas, elle ne pouvait pas en dire autant en ce qui la concernait !

— C'est un désastre ! s'écria Riley, le lendemain matin. Dean, tu ne peux pas nous abandonner maintenant !

— Désolé, Riley, mais je n'ai pas le choix. Je n'aurais jamais dû me porter volontaire. Mes notes ont chuté et je dois absolument étudier. Mes parents péteront les plombs si je n'ai pas la moyenne partout.

Riley regarda autour d'elle, désemparée. Shane et Larry s'occupaient des plates-bandes. Lauren nettoyait les sculptures. Personne ne réparait les bancs.

— Mais... Et les bancs ? Tu devais t'en charger.

— Tu verras, ce n'est pas difficile. Garde la scie aussi longtemps que tu voudras.

Dean avait au moins raison sur une chose : couper des lattes n'avait rien de sorcier.

— Bon. As-tu pensé à apporter une lame neuve, au moins ?

— Mince ! Je l'apporterai demain, promit Dean avant de filer.

Riley aperçut George Watkins qui venait vers elle.

— Bonjour, Riley ! Dis-moi ! Je ne voudrais pas te décourager mais je trouve que ça n'avance pas vite.

— Tout va bien, répondit-elle avec un enthousiasme feint. Nous avons fini de nettoyer les sculptures et nous devrions avoir terminé les massifs ce soir.

— Et les bancs ?

— J'ai commandé le bois, affirma-t-elle, omettant de préciser quand il serait livré.

— Il te manque deux personnes aujourd'hui !

— Oui, Shane a dû aller chez ses grands-parents et Dean… Dean a dû partir.

Elle n'avait aucune envie de lui dire que Dean les laissait tomber.

— Écoute, Riley. Je sais que tu travailles dur, mais je devrais peut-être te donner un coup de main. C'est un gros travail, à quatorze ans, de commander une équipe. J'ai peur que le jardin ne soit pas prêt pour samedi.

— Bien sûr que si. Vous verrez, monsieur Watkins. J'ai tout planifié.

George lui lança un regard dubitatif, mais il hocha la tête et s'en alla.

« Inspire ! songea Riley. Ce n'est pas le moment de craquer. »

— Écoutez-moi ! dit-elle aux autres. Dean ne vient plus.

— Tu plaisantes ! protesta Lauren.

— Malheureusement non. Donc on va tous se mettre sur les massifs et les terminer aujourd'hui, OK ?

— C'est toi le chef, répondit Larry, toujours joyeux.

— Exactement, ajouta Shane.

Lauren ramassa une binette et rejoignit Riley.

— Ça tombe bien, j'en ai ras le bol de nettoyer ces machins.

À eux quatre, ils finirent de retourner les plates-bandes puis ils étalèrent par-dessus la bonne terre qu'on leur avait livrée.

Deux heures plus tard, Riley commençait à sentir son moral remonter.

— On va y arriver, déclara-t-elle. Vraiment, je suis sûre qu'on s'en sortira.

— Oui, grâce au grand chef ! clama Larry.

— Merci, Larry.

Elle appréciait son soutien, d'autant plus qu'il avait cessé de jouer les pots de colle. Il devait penser à Sierra. Pourvu que cela dure !

Le moment vint de se quitter.

— À demain, lui lança Lauren avant de s'en aller.

Riley contempla le jardin. Il y avait encore tant de choses à faire ! Réparer les bancs, remettre les bordures des massifs…

« Oh, non ! songea-t-elle avec horreur. J'ai oublié de commander les fleurs ! »

— Hé, regarde ! s'écria Larry. Voilà Alex et Sierra.

— Alors, ça te dit, une bonne pizza ? demanda Alex en passant un bras autour des épaules de Riley.

Riley se blottit contre lui, accablée.

— Qu'est-ce qui ne va pas ? s'inquiéta-t-il.

Riley lui raconta ses malheurs.

— Comment ai-je pu oublier les fleurs ? C'est quand même le plus important dans un jardin ! M. Watkins avait peut-être raison. Je suis trop jeune pour assumer une telle responsabilité.

— Pas du tout. Tu réussiras, Riley, j'en suis sûr.

— Je n'avance pas !

— Tu n'auras qu'à téléphoner à l'horticulteur, suggéra Sierra. Et je t'aiderai à les planter, s'il le faut.

— Merci, Sierra. Je veux bien.

— Tu sais quoi ? s'écria Larry. Sierra pourrait prendre la place de Dean.

— Oh, oui ! On s'amusera bien, renchérit Sierra.

Larry la prit par le cou.

— Oui, on va s'éclater !

— C'est une idée géniale. Merci. (Chloé embrassa Alex sur la joue.) Alors, on va la manger, cette pizza ?

Pendant qu'ils se rendaient au restaurant, Riley commença à se détendre. Larry avait trouvé la solution miracle sans le savoir. Non seulement Sierra lui serait d'une aide précieuse, mais elle la débarrasserait de Larry !

6

— Je sais ce qu'il te faut ! s'écria Manuelo en entrant en trombe dans la salle de séjour, le lundi après-midi.

Comme M. Simms avait rendez-vous chez le dentiste, Chloé n'était pas allée à Bellevue et regardait la télévision, Pepper sur les genoux.

— La natation pour le troisième âge ! La piscine donne des cours qui leur sont réservés.

— Eh bien… C'est une bonne idée mais…

— Mais quoi ? Elle est excellente, mon idée !

— Oui, seulement je ne suis pas sûre que M. Simms ait envie de faire quoi que ce soit. Il faut que j'arrive à avoir une conversation détendue avec lui, comme l'autre jour, avant que ces abrutis en rollers viennent tout gâcher. Il s'est refermé comme une huître. Et Lennon ne m'a pas ratée, une fois de plus.

— Ah ! Tu sais quoi ? Je vais essayer de te trouver des sujets de conversation captivants.

— Merci, Manuelo.

Il disparut. Chloé changea de chaîne. Un chien au poil long et à l'œil vif apparut à l'écran. On le voyait suivre un couloir puis entrer dans une pièce remplie de personnes âgées.

Les pensionnaires de la maison de repos apprécient les visites de Chester, disait le commentateur. *Sa présence a un effet stimulant sur leur moral.*

Chloé regarda le petit chien aller de l'un à l'autre en remuant la queue. Tout le monde souriait.

Chloé se pencha vers sa chienne.

— Pepper, tu sais quoi ? Demain, je t'emmène avec moi à Bellevue ! Tu es la seule à pouvoir attendrir M. Simms. S'il ne craque pas, c'est que son cas est réellement désespéré.

Le mardi après-midi, Riley se dirigea vers le jardin avec appréhension.

Les massifs étaient prêts mais vides. Comme elle avait commandé les fleurs seulement la veille, celles-ci ne pourraient être livrées qu'en fin de semaine. Il y avait encore les bordures à remplacer et les lattes à finir de repeindre et à replacer. Et il ne lui restait plus que quatre jours.

Heureusement que Dean avait pensé à apporter une nouvelle lame pour la scie.

Alors qu'elle passait devant la bibliothèque, Riley tomba sur l'architecte.

— Bonjour, monsieur Watkins.

— Bonjour, Riley. Je venais voir où vous en étiez. Qu'avez-vous de prévu cet après-midi ?

Riley brandit la lame de scie.

— Nous réparons les bancs.

— Et les fleurs ?

— Nous les attendons, éluda-t-elle avec un grand sourire. Il est temps de se mettre au travail !

— Tu as raison. Au fait, si tu as commandé du paillis, tu peux annuler. Il me restait une dizaine de sacs chez moi. Je te les ai apportés.

— Dix sacs ! Oh ! Merci beaucoup !

Elle se précipita vers Larry, Lauren et Shane qui venaient d'arriver. Sierra ne devait venir qu'après sa répétition de musique.

— Vite… vous savez ce que c'est, le paillis ? demanda-t-elle.

Lauren lui montra du doigt de gros sacs en plastique empilés sous un arbre.

— Ah… mais ça sert à quoi ?

— Tu sais, ce sont ces petits copeaux de bois qu'on met au pied des plantes et des arbres, expliqua Larry.

Une fois de plus, elle fut surprise que Larry connaisse la réponse.

— Ah, oui ! Nous n'en avons pas besoin pour l'instant. (Elle regarda autour d'elle.) Si on finissait de nettoyer les sculptures ?

Lauren repartit en soupirant, suivie de Shane.

— Tu veux que je t'aide à réparer les bancs ? proposa Larry. Ça ira plus vite.

Étonnée, Riley le vit retirer la vieille lame et la remplacer par la neuve.

— Au fait, Riley, merci de m'avoir parlé de Sierra, dit-il en serrant une vis. Elle est vraiment sympa. On a décidé de se revoir. Super, non ?

— Génial.

Elle serait doublement redevable à Sierra.

Larry lui tendit la scie.

— C'est prêt.

« La vie est belle, songea Chloé tandis qu'il l'aidait. Non seulement il a fini de m'ennuyer, mais en plus il est très efficace. »

— Voilà Sierra ! s'écria Larry alors qu'ils mesuraient la dernière latte.

Il tendit son crayon à Riley et partit en courant.

Riley traça une ligne sur le morceau de bois puis observa Larry et Sierra. Ils discutaient. Très près l'un de l'autre. Si près que leurs têtes se touchaient.

Ils étaient attendrissants. Maintenant ils se tenaient par la main. Il chuchotait à son oreille et elle éclatait de rire. Et ils s'en allaient main dans la main… Hé ! Une seconde ! Où partaient-ils ? Ils avaient encore du pain sur la planche !

Au moment où Riley ouvrait la bouche pour les appeler, Sierra se pencha vers Larry et l'embrassa sur la joue.

Wahou ! Elle était amoureuse, ou quoi ?

Riley dévisagea Larry en essayant de voir ce que Sierra pouvait lui trouver. Il avait des cheveux bruns légèrement décolorés par le soleil. Et des yeux marrons. Ouais, il n'était pas si mal, en fin de compte.

— Viens, Pepper. M. Simms est sûrement au salon.

Chloé poussa la porte d'entrée de la maison de retraite. Elle était impatiente de voir la réaction du vieux monsieur devant Pepper. La chienne était tellement mignonne, elle le ferait sûrement craquer. Ensuite ils parleraient de chiens, de chats, de choses et d'autres, et tout se passerait bien.

Comme Pepper reniflait frénétiquement le tapis du hall, Chloé la prit dans ses bras. Elle croisa alors Lennon qui arrivait avec un pot de peinture.

— Tiens, un chien ! s'exclama-t-il.

Chloé sourit.

— C'est Pepper. Je vais la présenter à M. Simms.

Lennon la gratouilla derrière les oreilles et sourit à Chloé.

— Elle est adorable.

Chloé hocha la tête, étonnée de cette soudaine gentillesse.

— Je suis sûre que M. Simms va l'adorer. Qui pourrait lui résister ?

— Seulement les gens allergiques aux chiens. Ou ceux qui en ont peur.

Avec la chance qu'elle avait, M. Simms risquait de faire partie des deux catégories.

— Crois-tu que je prendrais un risque pareil ? fanfaronna-t-elle.

— Non, non, bien sûr.

Lennon caressa la tête de la chienne, qui commença à se tortiller.

— Bon, je vais voir si je le trouve ! lança Chloé. À plus tard.

Elle entra au salon et aperçut Amanda à l'ordinateur. Chloé chercha M. Simms des yeux, mais ne le vit nulle part. Il devait être encore chez lui. Elle traversa les couloirs et alla sonner à sa porte.

— Monsieur Simms ! appela-t-elle.

— Une minute ! Je ne suis pas sourd.

— Je sais. N'ouvrez pas tout de suite. Je voudrais d'abord vous poser une question. Est-ce que vous êtes allergique aux chiens ? Ou en avez-vous peur ?

— Cela fait deux questions. Quoi qu'il en soit, la réponse est non aux deux. Pourquoi ?

— Ouvrez-moi et vous comprendrez.

La porte s'entrebâilla et le visage renfrogné de M. Simms apparut.

— Monsieur Simms, je vous présente Pepper ! annonça Chloé, très fière. Pepper, dis bonjour à M. Simms !

Elle souleva la chienne et agita sa patte en direction du vieillard.

— Pepper ? C'est un joli nom. Et un joli chien.

Pepper lui lécha la main et se tortilla de plus belle.

— Vous lui plaisez, affirma Chloé. Grattez-la derrière les oreilles, elle adore ça.

— Bien sûr, comme tous les chiens. Bonjour, Pepper, comment vas-tu ?

— Je peux la poser par terre ? demanda Chloé. Elle en a assez d'être portée.

— Je t'en prie.

Avec un jappement joyeux, Pepper fonça vers lui et renifla ses chaussures.

— Salut, ma belle ! s'exclama-t-il, très gai.

Pepper se mit à courir autour de lui. Elle aboyait, toute contente.

« C'est génial, pensa Chloé. Il est complètement séduit. »

C'est alors que la chienne fit pipi sur la moquette de l'entrée !

7

— Je suis sincèrement désolée, monsieur Simms !

L'œil fixe, M. Simms regardait la flaque sur le tapis.

Chloé ramassa la chienne et recula dans le couloir.

— Je vais m'en débarrasser et je reviens.

— Ce n'est pas la peine, protesta M. Simms. Je peux...

— Non, je nettoierai. C'est ma faute. Pepper est propre, d'habitude. C'est sans doute l'excitation. Je reviens.

Lorsque Chloé arriva dans le hall, elle croisa Lennon qui portait des rouleaux et un bac à peinture.

— Y a-t-il un endroit où je pourrais laisser Pepper ? demanda-t-elle en espérant qu'il ne poserait pas de question.

— Pourquoi ? Je croyais que…

— Elle a fait pipi sur la moquette de M. Simms et je voudrais retourner nettoyer.

— Je peux l'attacher à un arbre dans le jardin. (Il posa son matériel de peinture et sourit à la chienne.) Dis, Pepper, tu veux sortir ?

— C'est très gentil. Merci !

Elle lui confia Pepper et se précipita vers l'appartement de M. Simms.

La porte était encore ouverte. Le vieux monsieur avait recouvert le sol d'essuie-tout et il tapotait le papier du bout de sa canne afin d'absorber l'humidité.

Chloé s'agenouilla.

— Laissez-moi faire, déclara-t-elle.

Le papier était complètement détrempé. Elle le jeta dans une petite corbeille et, tandis qu'elle prenait le rouleau posé sur une table, elle remarqua des douzaines de petites photos accrochées sur les murs, en noir et blanc et en couleurs. Elles montraient des gens en tenues de soirée en train de danser, de rire et de s'amuser.

Apparemment, M. Simms avait été un bon vivant. Chloé se demanda qui étaient ces personnes, mais le moment était peut-être mal choisi pour poser des questions.

M. Simms s'éclaircit la gorge.

— Tu y arrives ?

— J'ai fini. Demain, je reviendrai désinfecter la moquette avec un produit spécial. Vous verrez, c'est très efficace.

Chloé se releva et jeta les derniers papiers dans la corbeille.

— Je retourne voir Pepper en vitesse. J'en ai pour une minute.

— Non, il vaut mieux que tu reviennes demain, annonça-t-il en la poussant dehors. Là, je vais faire un petit somme. Euh… et merci d'avoir nettoyé.

Il referma la porte.

Au moins ne l'avait-il pas claqué, se consola Chloé. Mais elle avait la désagréable impression que la sieste n'était qu'un prétexte. M. Simms voulait juste se débarrasser d'elle.

Avec un soupir, elle regagna le hall. Puis elle sortit dans le jardin et vit Lennon poser un bol d'eau devant Pepper.

— Te voilà ! J'ai pensé qu'elle devait avoir soif.

— Merci.

Elle n'en revenait pas. Où était passé le méchant Lennon ?

— Il n'y a pas de quoi. Il faudra juste que tu évites le tapis de M. Simms un moment. Où est-il, d'ailleurs ?

— Il avait envie de faire la sieste.

— Non ! Dis donc, tu as un don pour endormir les gens !

Ouf ! Le méchant Lennon n'était pas si loin que ça !

Sans saluer Chloé ni Manuelo, Riley fonça vers le réfrigérateur et l'ouvrit d'un geste sec.

— On a fini le jus de carotte ? interrogea-t-elle d'un ton revêche.

— Non, répondit Manuelo sans cesser d'éplucher les légumes.

— Je ne le vois pas.

— On n'en a jamais eu. Donc on n'a pas pu le finir.

Elle haussa les épaules. Elle n'était pas d'humeur à supporter les plaisanteries. Elle bouscula les bouteilles à la recherche d'une autre boisson.

— Je racontais à Manuelo mon désastre avec M. Simms, intervint Chloé.

— Tu veux savoir ce que c'est, un vrai désastre ? (Riley attrapa une bouteille et claqua la porte du frigo.) Attends que je te raconte mes derniers malheurs !

— Excuse-moi. Tu es sûre que tu veux boire de la sauce de soja ?

Riley regarda la bouteille qu'elle tenait à la main. C'était effectivement du soja.

— Ça tombe bien, rigola Manuelo, j'en ai besoin pour cuire mes légumes.

Riley la lui donna et s'affala sur une chaise.

— Je suis furieuse !

— Que s'est-il passé ? demanda Chloé.

— Tu ne le croiras jamais. Larry et Sierra m'ont laissée tomber. Alors qu'il ne nous reste plus que quatre... non, trois jours devant nous et que nous avons encore une montagne de choses à terminer.

— Comment ça ? Ils ont disparu ?

— Dès que Sierra est arrivée, Larry est tombé en pâmoison devant elle. Ils se regardaient et plus rien n'existait autour d'eux. Ils se sont pris par la main et t'imagines la suite.

— Vraiment ? C'est génial !

— Non, pas tant que ça. Je croyais qu'ils allaient bavarder cinq minutes et qu'ils viendraient ensuite m'aider. Mais ils sont partis ! Et tu sais où je les ai retrouvés ?

— En train de s'embrasser derrière un arbre ? gloussa Manuelo.

— Non, devant les nouveaux ordinateurs, à la bibliothèque.

— Quel romantisme ! pouffa Chloé.

— Ce n'est pas drôle. Et quand j'ai réussi à les ramener dans le jardin, Lauren et Shane s'étaient envolés. Enfin, eux au moins m'avaient laissé un message. Ils avaient des contrôles importants à préparer. Et comble du comble, M. Watkins m'attendait. Il voulait savoir où nous étions tous passés et pourquoi personne ne travaillait !

— Et tu lui as tout raconté ?

— Plus ou moins. Je n'en reviens toujours pas que Larry ait pu m'abandonner comme ça. Et Sierra ! Elle sait que je m'inquiète pour ce travail !

— Tu ne peux pas lui en vouloir, protesta Chloé. Tu te souviens quand tu as commencé à fréquenter Alex ? Vous ne vous quittiez plus…

— Oui, mais Sierra n'était censée sortir avec Larry que pour l'empêcher de me suivre partout. Il n'était pas question qu'ils tombent amoureux.

— Pouh ! Qu'est-ce qui t'arrive ? Tu ne serais pas jalouse, par hasard ? remarqua Manuelo.

Riley éclata de rire.

— Moi ? Jalouse ? Mais de qui ? De quoi ?

8

Après une bonne douche et quelques morceaux du délicieux poulet sauté de Manuelo, Riley retrouva son calme. Non, Manuelo se trompait. Elle n'éprouvait aucune jalousie. Elle avait juste besoin de passer sa mauvaise humeur.

Elle se mit sur Internet. Elle devait faire des recherches pour un exposé d'histoire, mais elle commença par le plus important : consulter sa liste d'amis en ligne. Et justement il y avait Sierra.

RILEY 241 : Salut, Sierra, tu fais quoi ?
SIERRA-LALA : Rien de spécial. Toujours fâchée contre Larry et moi ?
RILEY 241 : Non. On oublie.
SIERRA-LALA : OK. Attends. Je reviens.

Riley consulta sa liste et vit que Larry venait de se connecter. Était-ce avec lui que Sierra dialoguait ? Quelques secondes plus tard, Sierra revint.

SIERRA-LALA : Tu sais quoi ? Larry a retrouvé mon bracelet en argent. Je l'avais perdu en rentrant. Heureusement, Larry a refait le chemin en sens inverse et il est tombé dessus !

RILEY 241 : Le bol !

Riley cliqua sur le nom de Larry.

RILEY 241 : Salut, Larry.

LARRYXLNT : Salut, Riley. Sierra m'a dit que tu n'étais plus fâchée. Excuse-nous pour tout à l'heure.

RILEY 241 : D'accord. M. Watkins s'inquiète au sujet du jardin. Tu crois qu'on arrivera à le terminer ?

Quelques instants passèrent, mais Larry ne répondait pas. Et Sierra ne disait plus rien non plus. Riley resta le regard fixé sur son écran à attendre. Ils l'avaient oubliée, ou quoi ? Enfin, Sierra revint en ligne.

SIERRA-LALA : Larry vient de me raconter une blague à se rouler par terre !

RILEY 241 : Raconte vite.

Riley attendit. Son écran restait vide. Que fichaient-ils ? Ils la laissaient vraiment tomber comme une vieille chaussette ! Elle aussi, elle aimait les blagues de Larry, quoi !

RILEY 241 : Dis, Larry, c'est quoi, ta blague ? J'aurais bien besoin de rire, moi aussi.
LARRYXLNT : Je te la raconterai demain. On organise un truc avec Sierra. À plus !

Larry l'avait pratiquement ignorée ! Elle pouvait être contente. Elle avait obtenu ce qu'elle voulait. Il s'intéressait vraiment à Sierra.

Riley s'affaissa sur son siège, à la fois furieuse et désemparée. Que lui arrivait-il ?

— Bon, ne bouge pas, Riley.

Larry s'apprêtait à couper une latte ; il sortit une paire de lunettes de protection de sa poche.

Tiens, il n'avait pas les yeux bruns mais pailletés de vert autour de l'iris. Riley ne l'avait jamais remarqué.

— Euh, Riley ?

— Quoi ?

— Tu peux reculer tes mains ?

Elle écarta les doigts de la ligne qu'ils avaient tracée. Qu'est-ce qui lui prenait de s'intéresser à lui comme ça ! C'est vrai que, bizarrement, elle le trouvait très mignon, aujourd'hui.

— Tu es prête ?

— Vas-y.

Larry mit la scie en marche et commença à découper le bois.

— Et d'une !

Riley mit la latte de côté et posa une deuxième latte sur les chevalets.

Un grand sourire illumina le visage de Larry.

C'était trop beau pour durer ! Il allait encore lui demander de sortir avec lui.

— Sierra ! On est là ! appela-t-il.

Riley se retourna et vit son amie qui venait vers eux.

— Je t'ai rapporté ton bracelet, ajouta Larry.

Sierra l'embrassa sur la joue.

— Merci. Tu peux me le garder encore un moment ?

Riley se crispa. Elle n'avait aucune envie de tenir la chandelle. D'accord, elle avait voulu qu'ils sortent ensemble, mais c'était juste le temps de terminer le jardin. Qu'est-ce qu'il prenait à Sierra de tomber amoureuse de lui pour de bon !

Et le pire, c'est qu'elle se demandait si elle n'avait pas eu une mauvaise idée, finalement. Elle n'avait jamais voulu donner sa chance à Larry et elle commençait à le regretter.

— Je fais quoi, Riley ? s'enquit Sierra.

— Tu veux m'aider à couper ces lattes ? proposa Larry en la prenant par les épaules.

— Oui, si tu me prêtes des lunettes comme les tiennes.

Larry, ravi, lui en tendit une paire.

— Hé, Riley ! appela Shane du fond du jardin. (Il lui montrait le banc en marbre au fond du jardin.) Comment ça se nettoie ?

— J'arrive !

« Vivement que ce soit terminé ! » songea Riley en se dirigeant vers Shane. Elle se retourna. Sierra s'était emmêlé les cheveux dans la bride des lunettes et Larry l'aidait à se dégager. Ils riaient.

« J'aurais dû m'en douter. Larry ne fiche plus rien dès que Sierra est là. Et comment a-t-il pu tomber si vite amoureux d'elle ? Ils ne sont sortis qu'une fois ensemble ! »

Mais qu'avait-elle à râler comme ça ? Elle n'allait pas être jalouse, quand même !

Riley et Shane lavèrent le marbre et le polirent, puis ils aidèrent Lauren à décaper les sculptures. Ensuite ils s'occupèrent des bordures, mais ils n'avaient pas reçu les nouvelles et, au bout d'une heure, ils durent s'arrêter.

Lorsque Shane et Lauren furent partis, Riley rejoignit Sierra et Larry qui perçaient des trous dans lcs lattes.

Sierra éteignit la perceuse.

— C'était la dernière, Riley. Tu ne trouves pas qu'on forme une super équipe, Larry et moi ?

Ils se tapèrent dans les paumes et Larry retint la main de Sierra dans la sienne.

— On range et on file !

— Quoi ! Pas déjà ! s'exclama Riley.

— On a des contrôles demain et on a prévu de réviser ensemble, expliqua Sierra.

« Mon œil, songea Riley. Ils passeront la moitié du temps à s'embrasser. » Cette idée lui était insupportable.

— Vous ne pouvez pas réviser dans la soirée ?

Sierra secoua la tête.

— Non. Après, il sera trop tard pour que Larry vienne à la maison.

— Mais vous ne pourriez pas rester au moins le temps de poncer les lattes, qu'on puisse les peindre demain ?

Larry se tourna vers Sierra.

— Ça ne me pose pas de problèmes, dit-il. (Il pressa la main de Sierra.) Et toi ?

— Oui, si ce n'est pas trop long.

— Merci.

Riley prit du papier de verre dans la boîte à outils et le leur tendit. Elle avait beau vouloir les ignorer, elle ne pouvait s'empêcher de les observer, surtout Larry.

Il n'avait plus les cheveux coupés en brosse. Depuis quand les avait-il laissés pousser ? Pourquoi ne l'avait-elle pas remarqué avant ?

Et son sourire n'avait plus rien d'idiot. Il était toujours de travers, mais elle trouvait ça mignon, maintenant.

Comme elle gardait les yeux rivés sur Larry, elle finit par se passer la ponceuse sur le pouce.

Ouille ! C'était extrêmement douloureux ! Elle jeta un œil vers le garçon. Pourquoi n'accourait-il pas à son secours ?

Et pourquoi souffrait-elle qu'il ne s'occupe plus d'elle ? Elle comprit brusquement qu'elle commençait à aimer Larry. À l'aimer vraiment.

Une heure plus tard, Riley monta dans sa chambre, accablée. Elle était amoureuse de Larry et s'en rendait compte trop tard. Elle n'arrivait pas à le croire.

Chloé écoutait Sheryl Crow, allongée sur son lit. Dès qu'elle vit sa sœur, elle baissa le volume.

— Je n'ai pas pu voir M. Simms, aujourd'hui, annonça-t-elle. J'aurais bien voulu finir de nettoyer sa moquette pourtant.

Riley ne l'écoutait pas. Pourquoi n'avait-elle pas remarqué plus tôt que Larry était mignon et drôle ? Pourquoi ne lui avait-elle jamais donné sa chance ?

— Mme Carpenter m'a dit qu'il avait dû retourner chez le dentiste, continua Chloé. Enfin, c'est ce qu'il lui a raconté.

— Mmm...

Riley changea de sweat-shirt. Sierra lui avait dit et répété qu'elle trouvait Larry adorable. Pourquoi ne l'avait-elle pas écoutée ?

— C'est quand même étonnant qu'il aille deux fois chez le dentiste la même semaine. Je parie qu'il ne voulait pas me voir. Il va sûrement me renvoyer. Dis, tu crois qu'on peut virer un bénévole ?

— Mmm... marmonna de nouveau Riley, qui enlevait son jean et enfilait un bas de pyjama.

— Si Lennon apprend que M. Simms ne veut plus me voir, il en mourra de rire. Qu'est-ce que tu ferais à ma place ?

— Euh... (Riley s'assit sur son lit.) Quoi ?

Chloé fronça les sourcils.

— Tu m'écoutes ou pas ?

— Oui. Tu viens de dire que tu n'avais pas vu M. Simms aujourd'hui et... et... rappelle-moi la suite...

— Mais à quoi tu penses ?

— À rien. Enfin, juste au jardin.

« Et à Larry », ajouta-t-elle pour elle-même. Mais jamais elle ne pourrait avouer à Chloé qu'elle était amoureuse de leur idiot de voisin. D'ailleurs Chloé refuserait de la croire. Non, Riley ne pouvait se confier à personne. Cela devait absolument rester secret.

9

— Riley, tu ne m'écoutes pas !

Riley continuait à penser à Larry. Les cours venaient de se terminer et comme la bibliothèque se trouvait sur le chemin de la maison de retraite, les deux sœurs faisaient route ensemble.

— Bien sûr que si, mentit Riley. Tu me parlais de Lennon Porter.

Et Larry s'était musclé des épaules. Elle l'avait remarqué la veille, pendant qu'il sciait le bois. Un autre détail qu'elle aurait pu noter plus tôt si elle s'était un peu plus intéressée à lui.

— Riley, il y a au moins dix minutes que je ne parle plus de Lennon.

— Oh, excuse-moi. Je réfléchissais à tout ce qui me reste à finir au jardin.

La seule idée de voir Larry et Sierra flirter ensemble lui donnait envie de prendre la fuite.

Elle soupira. Son regard se posa alors sur deux tables couvertes d'un tas de bric-à-brac, devant une maison.

— Oh, un vide-grenier ! On y va ?

— Je croyais que tu étais pressée.

— Juste cinq minutes. Peut-être qu'on dénichera des vieilleries super branchées.

Riley commença à fouiller dans une pile de vêtements, hélas, tous plus démodés les uns que les autres.

— Riley, regarde !

Chloé lui tendit un cadre en argent terni avec une photo en noir et blanc derrière un verre cassé. On voyait un groupe de gens en tenue de soirée qui portaient un toast.

Chloé essuya la poussière.

— Tu vois ce qui est écrit dans le coin ?

— Photographie Simms, lut Riley.

— M. Simms m'a dit qu'il aimait la photo. Je parie que ça l'amusera de voir celle-ci. (Chloé dévisagea sa sœur avec attention.) Riley, tu as encore l'esprit ailleurs. Qu'est-ce qui t'arrive ?

Riley faillit se confier mais la honte la retint.

— Rien. (Elle consulta sa montre.) Holà ! Il faut que j'y aille ! À plus, Chloé !

Larry, Sierra et Lauren l'attendaient. Riley remarqua aussitôt que Larry et Sierra se tenaient par la main.

— Salut, lança-t-elle. Où est Shane ?

— Il sera un peu en retard, répondit Larry. On va peindre les lattes, Sierra et moi. D'accord ?

— Bien sûr.

Elle aurait cependant préféré qu'il le fasse avec elle...

Larry et Sierra ouvrirent un pot de peinture verte pendant que Riley et Lauren posaient les nouvelles bordures le long des plates-bandes.

Shane les rejoignit un peu plus tard.

Riley essayait de se concentrer. Elle évitait de regarder Larry et Sierra mais ne pouvait s'empêcher de les entendre. Larry parlait, Sierra riait et Riley se sentait rejetée. C'était avec elle qu'il plaisantait, d'habitude.

Soudain, Sierra eut un tel fou rire que Riley explosa.

— Dites, vous pourriez travailler dans le calme ? On a encore du pain sur la planche !

— On peut bavarder un peu, non ? protesta Sierra, contrariée.

Riley s'en voulut de sa réaction. Pourquoi s'en prenait-elle à Sierra ? Elle n'avait rien à lui reprocher.

— Bon, Riley, je m'en vais ! annonça Shane, peu après.

— Tu viens à peine d'arriver !

— Ça fait déjà une heure que je suis là. Je reviendrai demain.

Riley vit alors que Lauren se lavait les mains. Elle s'apprêtait à partir, elle aussi. La plupart des bordures étaient remises en place, pourtant il manquait quelque chose. Flûte ! Les fleurs ! L'horticulteur lui avait dit de rappeler pour fixer l'heure de la livraison et elle avait complètement oublié !

Riley courut chercher son téléphone portable dans son sac à dos et composa le numéro de la jardinerie. Occupé. Elle attendit quelques secondes et recommença. Toujours occupé.

Sierra et Larry vinrent chercher leurs affaires. Riley referma son téléphone d'un geste sec.

— Que se passe-t-il ? Vous ne partez pas déjà ?

Larry hocha la tête.

— Si. Nous avons fini de peindre. En tout cas la première couche. Il faut attendre demain pour la seconde.

— Quand les lattes seront sèches, ajouta Sierra.

— D'accord, mais il y a encore plein de trucs à faire. J'aurais voulu commencer à étaler le paillis.

— Désolé, nous avons d'autres projets, répliqua Sierra. Et tu ne crois pas qu'il vaudrait mieux attendre d'avoir planté les fleurs ?

Riley fronça les sourcils. Sierra avait raison, mais jamais elle ne le reconnaîtrait.

— On pourrait déjà en mettre autour des arbres. Et les sacs sont très lourds. Je ne peux pas les soulever. S'il vous plaît, restez encore un peu.

Larry pressa la main de Sierra.

— Je crois que Riley a besoin de nous.

— Pas longtemps alors, accepta Sierra en fusillant Riley du regard.

Riley se sentit soudain coupable. Elle savait qu'elle cherchait juste à retarder l'instant où ils se retrouveraient tous les deux. Mais elle n'y pouvait rien. C'était plus fort qu'elle.

Lorsque Chloé arriva au Bellevue, elle jeta un œil angoissé dans le hall. Ouf ! Aucun signe de Lennon. Elle était sûre qu'il n'aurait pas manqué de lui lancer une blague au sujet de M. Simms et de son rendez-vous chez le dentiste.

Elle se dirigea vers le salon.

— Chloé Carlson !

Elle leva les yeux au ciel et se retourna. Lennon venait juste d'entrer.

— Bonjour !

— Si tu cherches M. Simms, appelle son dentiste !

— Très drôle. Pour ton information, je sais parfaitement où il est.

— Alors pourquoi vas-tu au salon ?

— Parce que... Pourquoi me poses-tu cette question ?

— Parce que je l'ai vu entrer dans le solarium il y a dix minutes.

Il n'était donc pas parti ! Chloé passa en trombe devant Lennon et aperçut le vieux monsieur allongé sur une chaise longue et qui ronflait bruyamment, un journal sur le ventre.

Chloé hésita. Apparemment, il se moquait qu'elle vienne ou pas, il espérait peut-être même ne pas la voir. Il valait peut-être mieux qu'elle rentre chez elle.

Elle décida de tenter sa chance une dernière fois. Pourquoi était-il si désagréable ? Peut-être souffrait-il de la solitude. Mais depuis leur promenade sur la plage, elle savait qu'il pouvait se montrer sympathique.

M. Simms sursauta dans son sommeil et fit tomber son journal par terre. Il ouvrit les yeux et les écarquilla en voyant Chloé.

Chloé lui fit un coucou timide.

— Comment allez-vous, aujourd'hui, monsieur Simms ?

— Euh... ouh ! (Il s'assit lentement et posa les pieds par terre.) Bonjour, mademoiselle... heu ! mademoiselle Chloé.

— Bonjour. J'ai apporté le produit pour nettoyer votre moquette. Et aussi une petite surprise.

Chloé approcha une chaise de son transat. Elle sortit de son sac à dos le cliché qu'elle avait acheté.

— Regardez, dit-elle en pointant la signature au pied du cliché. J'ai trouvé cette photo dans un vide-grenier. Quelle drôle de coïncidence, non ? C'est le même nom que vous.

Simms saisit la photo et l'examina. Il plissa les yeux. Et soudain, il sourit.

— Ce n'est pas une coïncidence. C'est moi qui l'ai prise.

— Non ! C'est vrai ?

— J'avais mon propre studio. Et ça marchait bien. Les gens venaient me voir chaque fois qu'ils avaient besoin d'un portrait : pour les naissances, les fiançailles, les photos de famille.

— C'est passionnant. Vous avez dû aussi photographier des mariages, des réceptions, des fêtes…

— Oui, c'est ce que je préférais, les clichés sur le vif. J'adorais les soirées. Il y avait toujours de la musique et de quoi manger. Et surtout des jolies femmes, ajouta-t-il avec un petit sourire coquin.

Chloé éclata de rire.

— Oh, je connais votre réputation, vous savez !

Il gloussa.

— Hé, vous venez de rire, non ?

— Oui, et je rêve ou tu ne me parles plus comme si j'étais gâteux ?

— Ça n'a jamais été mon intention. Je suis désolée.

— Je préfère ça. Tes manières de petite fille modèle avaient le don de m'exaspérer…

— Je vous jure de ne plus recommencer, mais à une condition : promettez-moi de ne plus être grognon.

— Nous verrons, pouffa-t-il.

Chloé sourit de plaisir. Ils avaient enfin une conversation drôle et détendue !

— Je me souviens de cette photo. C'était une réunion de famille. En 1961, je crois.

Chloé eut soudain une idée.

— Ce vide-grenier est tout près d'ici. Si on y allait ? Les propriétaires de la maison se souviendront peut-être de vous.

— J'en doute. Cela remonte à si longtemps. Quoi qu'il en soit, j'adore les brocantes.

— Et pourquoi vous ne l'avez pas dit plus tôt ?

— Tu ne me l'as jamais demandé !

Chloé leva les yeux au ciel. Puis elle éclata de rire et lui tendit la main.

— Venez, monsieur Simms. En route !

10

— Encore occupé ! Ce doit être la jardinerie la plus demandée du monde.

Riley raccrocha avec rage.

Larry et Sierra venaient juste de partir. Et elle parlait toute seule. Elle commençait à perdre la tête !

George Watkins sortit de la bibliothèque.

— Bonjour, Riley. Alors, plus que deux jours !

Riley gémit en son for intérieur. Elle n'y arriverait jamais !

— Exactement ! répondit-elle d'un ton qui se voulait enjoué. Et ce sera une réussite, vous verrez. Regardez, nous avons déjà étalé le plus gros du paillis et nous avons repeint les lattes.

Il les inspecta.

— Beau travail.

— La seconde couche est prévue pour dcmain.

— Et quel type de vernis mettras-tu ?

Quoi ! Il plaisantait !

— Il faut absolument les protéger, sinon la peinture ne tiendra pas, insista-t-il.

— Bien sûr.

Elle nota mentalement d'acheter du vernis.

— Et il faudra du temps pour que cela sèche. (George passa le jardin en revue.) Bon, les taillis sont superbes. Et je n'aurais jamais pensé que tu récupérerais ces sculptures aussi bien.

— Merci.

Il fronça soudain les sourcils.

— Quand dois-tu recevoir les fleurs ?

Riley se maudit de ne pas avoir rappelé la jardinerie plus tôt.

— Bientôt.

M. Watkins parut contrarié.

— Ne vous inquiétez pas, monsieur, tout sera prêt samedi pour l'inauguration. Je vous le promets.

— Je l'espère, Riley. Nous attendons beaucoup de monde.

Après son départ, Riley respira profondément. Pourrait-elle tenir sa promesse ?

Il le fallait. Elle avait déjà gâché ses chances avec Larry. Elle ne pouvait pas se permettre un autre échec.

Elle s'approcha des lattes, accablée. Elles n'étaient toujours pas sèches. Il lui fallait de l'aide… du temps… et des fleurs !

Elle composa le numéro de la jardinerie une fois de plus. La ligne était enfin libre. Hélas, Riley tomba sur un répondeur disant que le magasin était fermé.

Elle soupira. Elle était coincée. Elle ne pouvait plus rien faire avant le lendemain. Elle rangea les outils et rentra chez elle. Alors qu'elle passait devant la pizzeria, de bonnes odeurs de tomates grillées et de fromage vinrent lui chatouiller les narines. Elle sentit son estomac gargouiller. Elle s'apprêtait à entrer lorsqu'elle pila net : elle venait de voir Larry et Sierra assis à une table, près de la fenêtre. Ils se tenaient par la main et se souriaient.

Devait-elle les rejoindre ? Elle les dérangerait. Et avait-elle envie de les entendre roucouler ? Non. Mais elle mourait de faim. Elle décida de manger un morceau en vitesse.

Elle poussa la porte et s'approcha de leur table.

— Salut ! Je peux m'asseoir avec vous ?

Sierra lui jeta un regard noir.

— Bien sûr, Riley, assieds-toi, accepta Larry.

— Je suis crevée. Et j'ai l'estomac dans les talons.

— J'allais commander une boisson pour Sierra. Tu veux que je t'apporte une part de pizza ?

— Merci, Larry. C'est très sympa.

— Je reviens tout de suite.

Pendant que Larry se dirigeait vers le comptoir, Sierra continua à la fixer d'un air méchant. Riley ne savait plus où se mettre.

— Ça va ? demanda-t-elle.

— Tu peux me dire à quoi tu joues ?

Riley écarquilla les yeux, pourtant elle savait pertinemment où voulait en venir son amie.

— Comment ça ?

— Tu as bien vu que tu nous dérangeais, alors pourquoi tu t'incrustes ?

Riley se raidit, vexée. Quoi, maintenant que Sierra et Larry sortaient ensemble, elle n'avait plus le droit de les approcher ?

— Excuse-moi. Je suis tellement fatiguée que je n'ai rien vu. Je travaille comme une malade. Et justement, je te serais reconnaissante de ne pas accaparer Larry les deux jours qui viennent, sinon nous n'aurons jamais terminé à temps.

Les yeux de Sierra lancèrent des éclairs.

— Quoi ! J'accapare Larry ! Mais c'est toi qui l'as voulu, Riley ! Tu m'as suppliée de sortir avec lui ! Et maintenant que nous sommes heureux ensemble, tu changes d'avis ?

Riley préféra se taire. C'était le plus mauvais jour de sa vie. Elle n'arrêtait pas d'essuyer des échecs : elle ne finirait jamais le jardin à temps et son amitié avec Sierra paraissait compromise !

11

— Riley, qu'est-ce qui ne va pas ? demanda Chloé, inquiète.

— Hein ? Quoi ?

Chloé constata que Riley semblait encore à des lieues de là. C'était le vendredi soir, elles venaient de finir de dîner et Manuelo rédigeait sa liste de courses sur le comptoir.

Fiévreuse, Riley griffonnait sur son carnet.

— Tu ne dis rien, reprit Chloé. Je sais que tu es débordée, mais je te trouve bizarre, ces derniers temps.

— C'est ce jardin ! Nous n'avons plus qu'une journée et je suis hyperstressée.

— Hmm…

Chloé n'était pas convaincue. Que lui cachait sa sœur ? Elle essaya de déchiffrer ce que Riley venait d'écrire. Ce n'était pas facile de lire à l'envers.

Finir le paillis ! Les fleurs !! Le vernis !!!

Que de points d'exclamation ! C'est vrai qu'elle avait encore beaucoup de travail. Pas étonnant qu'elle soit aussi préoccupée.

— Tu ne devineras jamais ce que j'ai découvert sur M. Simms, déclara-t-elle pour lui changer les idées. J'ai vu sur le tableau d'affichage que son anniversaire tombe samedi prochain.

— Ah…

— Oui, et j'ai décidé de lui organiser une petite fête surprise. J'en ai parlé à Mme Carpenter. Elle trouve que c'est une excellente idée. Je ferai les invitations sur mon ordinateur et je les distribuerai aux pensionnaires de Bellevue.

— C'est très gentil, intervint Manuelo.

Riley referma son carnet.

— Je croyais que tu ne t'entendais pas avec M. Simms ?

— C'était ma faute. Je ne m'intéressais pas vraiment à lui. Je voulais surtout épater Lennon. Et puis je l'exaspérais avec mes manières de petite fille sage. Je suis impatiente d'être à samedi !

— Veux-tu que j'achète de quoi lui préparer un gâteau ? proposa Manuelo.

Chloé lui décocha un sourire radieux. Elle était une cuisinière lamentable.

— Oh oui, Manuelo. Amanda apportera des assiettes en carton, et Quinn, les boissons. Et moi, je me charge des ballons et de la décoration. Mais j'aimerais marquer cet anniversaire par quelque chose de spécial.

— Quoi donc ? s'enquit Riley.

— Je ne sais pas. Quelque chose de spectaculaire.

— Vous voulez du spectaculaire ? s'écria Macy en entrant dans la cuisine. Eh bien, regardez !

D'un geste large, elle montra Tedi qui la suivait, vêtue d'une longue robe moulante rouge et profondément décolletée, avec des hauts talons assortis de quinze centimètres.

Admiratif, Manuelo siffla.

— Ouah ! C'est ta dernière création ? s'exclama Chloé.

— Oui. Comment tu la trouves ?

Macy observait attentivement Tedi qui arpentait la cuisine en prenant des poses.

— Magnifique ! répondit sa fille.

— Tedi, vous êtes supersexy ! s'exclama Manuelo.

Soudain Chloé eut une idée de génie. Elle savait ce qu'elle ferait pour l'anniversaire de M. Simms. Et ce serait spectaculaire !

— Riley, qu'est-ce qui ne va pas ? s'inquiéta Alex, le lendemain, au lycée. Tu ne dis plus rien.

— Non, non, ça va bien. Je suis juste préoccupée par le jardin.

« Et je me promène main dans la main avec toi en pensant à Larry ! À part ça, tout baigne ! » continua-t-elle en pensée.

— Tu finiras dans les temps, tu verras. J'aimerais bien te donner un coup de main, mais je dois rendre un devoir difficile et j'ai promis d'aider mon père à nettoyer le garage.

— Ce n'est pas grave, soupira-t-elle.

Surtout que la présence d'Alex risquait d'aggraver la situation.

Alex lui pressa doucement la main.

— Voilà Sierra. Viens, il faut absolument que je lui parle. Hé, Sierra, attends !

Sierra se retourna.

— Oh, salut, Alex ! Bonjour, Riley, ajouta-t-elle d'un ton glacial.

Sierra était toujours fâchée, mais Riley ne pouvait pas lui en vouloir.

La cloche sonna. Alex embrassa rapidement Riley et se dirigea vers sa salle de classe. Sierra referma sèchement son casier. Elles avaient le même cours en première heure. En temps normal, elles s'y seraient rendues ensemble. Là, Sierra ne l'attendit pas.

Riley la suivit, tête basse, jusqu'à la salle de couture. Larry était déjà arrivé.

Riley sentit son cœur se serrer. Larry l'avait aimée pendant des années. Et maintenant qu'elle était amoureuse de lui, elle ne pouvait rien lui dire à cause de Sierra !

Sa table se trouvait entre celle de Larry et celle de Sierra. Quand elle s'assit, Larry lui sourit et Sierra la foudroya du regard.

Elle avait tout gâché !

— Bonjour, les salua Mlle Spoke, le professeur de couture. Je vous rappelle que vous devez me rendre vos enveloppes de coussin la semaine prochaine, vous savez donc ce qu'il vous reste à faire.

Riley alla chercher son ouvrage et revint s'asseoir. Larry cousait en bavardant tranquillement avec Sierra. Riley se sentait de trop. Au bout d'une minute, elle arrêta sa machine et coula un regard furtif vers Larry. Elle remarqua qu'il avait de longues mains bronzées.

Elle reporta son regard sur son coussin, et s'imagina aussitôt marchant sur la plage avec

Larry, main dans la main. Larry lui passait un bras autour de la taille et elle se blottissait contre lui. Ils s'arrêtaient pour admirer le superbe coucher de soleil et se souriaient. Il l'attirait contre lui. Ses lèvres se rapprochaient des siennes.

Non. Coupez ! Un détail lui déplaisait dans cette scène ! Mais lequel ?

Cette fois, Riley s'imagina avec Larry au cinéma. Il la prenait par le cou. Elle sentait qu'il l'observait. Elle se tournait vers lui. Il lui souriait. Ses lèvres se rapprochaient des siennes…

Non. Ça n'allait toujours pas !

Elle essaya une troisième fois, mais il lui était impossible d'imaginer qu'elle embrassait Larry. Pourquoi ? Elle était amoureuse de lui, non ? Alors, quel était le problème ?

12

— Tu m'as sauvé la vie, papa ! s'exclama Riley lorsque son père la déposa à la bibliothèque, le vendredi après-midi. Merci de m'avoir conduite dans ce magasin de bricolage.

Jake tendit à Riley le bidon de vernis et les pinceaux qu'ils venaient d'acheter.

— Il n'y a pas de quoi, ma chérie. N'hésite pas à m'appeler si tu as encore besoin de moi.

Riley entra dans le jardin. Shane, Larry et Lauren posaient juste leurs sacs à dos sous un arbre.

— Bonjour, tout le monde ! lança-t-elle. C'est la dernière ligne droite avant l'arrivée. L'inauguration a lieu demain, alors nous devons avoir terminé ce soir.

Lauren lui jeta un regard affolé.

— Ce soir ? Oh là là !

— Pas de problème ! déclara Larry. Par quoi veux-tu qu'on commence, Riley ?

— Euh... Attendez... Où est Sierra ?

— Elle ne peut pas venir. Elle m'a chargé de te dire qu'elle avait un empêchement.

Riley rougit. Son amie ne lui avait toujours pas pardonné.

Mais ce n'était pas le moment de se lamenter. Elle n'avait pas le temps. Elle tapa dans ses mains.

— Bon. Voilà le programme : Larry et Shane, vous remontez le banc de marbre. Ensuite vous passerez la seconde couche de peinture sur les lattes. Et Lauren et moi, nous commençons à planter les fleurs.

— Quelles fleurs ? demanda Shane.

— Hein ! (Riley écarquilla les yeux d'effroi.) Oh, non ! Où sont-elles ?

— Tu veux que j'aille les chercher ? proposa Larry.

— Euh... non, merci.

Apparemment, il ne se rendait pas compte de la quantité qu'elle attendait.

— Va t'occuper du banc avec Shane, pendant que je rappelle le magasin.

— C'est toi le chef ! Viens, Shane. C'est l'heure de la muscu !

— Je vais mettre du paillis au pied des sculptures, décida Lauren tandis que Riley composait le numéro de la jardinerie sur son portable. Ça devrait être joli, non ?

— Oui, excellente idée.

L'employé qui lui répondit n'était pas le même que celui à qui elle avait passé sa commande.

— Mais il m'avait promis de me livrer aujourd'hui, expliqua-t-elle. Et j'en ai besoin tout de suite !

Il finit par accepter de la livrer. Riley le remercia du fond du cœur.

— Mission accomplie ! annonça Larry alors qu'elle refermait son appareil.

Il la salua comme un soldat et ajouta :

— On fait quoi, maintenant ?

— Shane, va aider Lauren. Toi, Larry, viens peindre avec moi.

Ils allaient enfin se retrouver tous les deux, comme au bon vieux temps.

Larry la suivit. Il se pencha pour prendre le bidon de peinture et fit tomber trois lattes.

Riley poussa un cri.

— Ne t'inquiète pas, la rassura Larry, je ne les ai pas abîmées. Regarde, pas la moindre éraflure.

— Elles sont sèches ?

Larry passa la main dessus.

— Oui.

Il les reposa sur les chevalets, reprit le pot et… fit tomber deux autres lattes.

Riley leva les yeux au ciel.

— Oh, Larry !

Elle fut surprise de sa réaction. S'énervait-on contre un garçon dont on était amoureuse ?

Larry essayait en vain d'ouvrir le couvercle du pot avec un tournevis.

— C'est collé, marmonna-t-il.

— Attention, ne force pas…

Trop tard ! Elle reçut le couvercle sur la jambe. Son jean se retrouva maculé de peinture verte. Elle avait eu de la chance de ne pas en recevoir dans les cheveux.

— Tu es vraiment maladroit, parfois !

« Mais traitait-on de maladroit le garçon dont on était amoureuse ? » se demanda-t-elle une nouvelle fois.

— Désolé.

Il mélangea la peinture et la fit déborder. En prenant un pinceau, il faillit carrément renverser le pot.

— Ouah ! Je l'ai rattrapé de justesse, s'écria-t-il.

Mais il avait plein de peinture sur les mains !

Riley ne put s'empêcher de lever les yeux au ciel.

— Sacré Larry ! Tu ne changeras jamais !

Oui, il avait beau avoir de jolis yeux et s'être musclé, il était toujours aussi exaspérant. Pas étonnant qu'elle ne puisse envisager de l'embrasser. Elle s'était encore laissée emporter par son imagination. Elle n'avait jamais été amoureuse de lui !

Riley attrapa un pinceau et se mit à peindre avec une nouvelle énergie. Quel soulagement ! Elle n'était pas amoureuse de Larry. N'empêche qu'elle était jalouse de Sierra. Parce que celle-ci avait monopolisé son attention. Pourtant, elle ne supporterait jamais qu'il s'occupe d'elle ainsi. En fait, ce qui l'intéressait, c'était juste son amitié. Et elle l'avait déjà.

L'affaire était close ! Sauf qu'elle devait se réconcilier avec Sierra. Et finir le jardin !

Les fleurs n'étaient toujours pas arrivées quand ils eurent terminé de peindre les lattes. Ils aidèrent donc Shane et Lauren à répandre le paillis au pied des buissons.

Puis Riley se décida à rappeler la jardinerie.

— Il paraît que le camion est parti depuis une heure ! gémit-elle après avoir raccroché. Le chauffeur ne les a pas contactés et il n'y a aucun moyen de le joindre.

— Il s'est peut-être perdu, suggéra Larry.

— Tout le monde sait où se trouve la bibliothèque ! rétorqua Shane. Il a dû tomber en panne.

— Oh non, pas ça ! se lamenta Riley. Non, il aurait téléphoné.

Elle regarda autour d'elle. Les lattes n'étaient pas sèches, donc on ne pouvait toujours pas les vernir. Il ne lui restait plus qu'à croiser les doigts en espérant que le livreur ne tarderait plus.

Une demi-heure s'écoula. Shane et Lauren durent s'en aller. Larry commença à balayer les allées.

Le temps passait. Riley rappela la jardinerie : toujours aucune nouvelle du livreur. Larry avala une banane et un paquet de bretzels.

Il tendit un sac de mélange salé à Riley.

— Tiens, mange un peu. Ça te donnera la pêche.

— Pour quoi faire ?

Cette attente la tuait.

Elle décida d'en profiter pour appeler Sierra et présenter ses excuses. Ce serait une rude épreuve, mais c'était aussi important que le jardin.

Elle prit son téléphone et s'éloigna de Larry. Elle ne voulait pas qu'il entende. Puis elle composa le numéro de son amie.

— Ne raccroche pas ! dit-elle dès qu'elle l'eut au bout du fil. Je sais que tu m'en veux et tu as raison. Mais laisse-moi t'expliquer, je t'en prie.

— Je t'écoute, grommela Sierra.

— Je croyais que j'étais amoureuse de Larry, mais je me trompais. Pardonne-moi.

— J'ai vraiment eu l'impression que tu voulais que je disparaisse, dit Sierra.

— Je sais. Je suis franchement désolée, tu peux me croire.

Sierra soupira.

— Bon, on oublie tout ça. Je suis contente qu'on fasse la paix.

— Moi aussi ! Oh, Sierra, s'il te plaît, n'en parle pas à Larry. Je serais trop gênée !

Sierra éclata de rire.

— OK, je te promets de garder le secret.

— Merci ! Hé, attends une seconde !

Un camion arrivait en marche arrière.

— Je crois qu'on livre enfin les fleurs.

— Quoi ! Seulement maintenant ? Mais c'est pas possible !

— Ne m'en parle pas ! Oui, c'est bien ça ! Larry aide le livreur à les décharger.

Riley sentit la panique la gagner en les voyant descendre des palettes entières de petits pots de pétunias, de pensées, de soucis... Il y en avait des centaines... Et il faudrait creuser un trou pour chacun d'eux ! Et ensuite les arroser. Les entourer de paillis. Et finir les bordures !

— Sierra ?

— Quoi ?

— Au secourrrrrrrs !

13

— La voilà ! s'écria Larry, vingt minutes plus tard.

Il courut vers Sierra et l'embrassa.

« Je ne suis plus jalouse ! » constata Riley, toute contente.

— J'ai apporté deux ventilateurs pour que les lattes sèchent plus vite, annonça fièrement Sierra. Et j'ai même pensé aux rallonges !

— Tu es géniale ! Bon, voilà le programme. Je passe le vernis et vous vous occupez des plantations. Et pendant que les lattes sécheront sous les ventilateurs, je viendrai vous aider.

— C'est toi le chef ! répliqua Larry. Et fais attention, Riley ! conseilla-t-il alors qu'il se dirigeait avec Sierra vers les massifs. Ces vapeurs de vernis sont très toxiques.

Riley hocha la tête. Larry était parfois pénible, mais quel ami précieux !

Elle ouvrit le pot et commença à enduire les lattes. Le jour baissait. Heureusement qu'il y avait des éclairages extérieurs.

Pendant ce temps, Larry et Sierra plantaient les fleurs. Une fois que les lattes furent sèches, Larry vint les visser sur les bancs qu'ils remirent ensuite en place. Puis ils reprirent leurs plantations.

— Mais, attendez… c'est le dernier pot ! s'exclama soudain Riley en brandissant un pied de pétunia.

Elle regarda autour d'elle ! Oui, c'était bien le dernier !

Larry creusa le trou, puis il s'écarta pour laisser Riley déposer la plante au fond et Sierra remit la terre par-dessus.

— C'est fini ! cria Riley.

George Watkins pénétra dans le jardin.

— J'ai cru entendre des voix ! Bonsoir, Riley. Que se passe-t-il ici ?

— Il se passe que nous avons rempli notre contrat, monsieur Watkins, annonça Riley, très fière. Bon, il nous reste encore à finir de balayer les allées et à arroser les fleurs, mais nous avons presque terminé ! Alors, qu'en dites-vous ?

M. Watkins fit le tour du jardin, inspecta les bancs, les sculptures, les massifs et les buissons. Puis il revint vers Riley avec un large sourire.

— Je suis épaté. Je t'avoue que j'avais peur que tu n'y arrives pas. Mais tu as réussi, Riley. C'est splendide !

— Merci, monsieur Watkins. Eh bien, nous terminons et nous partons.

— Vous avez mérité de vous reposer. Merci encore, Riley. Et bravo !

Un quart d'heure plus tard, Larry, Sierra et Riley contemplèrent leur œuvre. Les allées étaient propres, les sculptures et les bancs parfaitement rénovés et les fleurs éclatantes de beauté.

— Superbe ! commenta Sierra.

— Stupéfiant ! ajouta Larry. M. Watkins a raison, tu peux être fière de toi, Riley.

— Nous pouvons tous être fiers de nous ! corrigea-t-elle avec un grand sourire. (Elle les prit tous les deux par la taille.) Merci, mes amis.

— OK, Quinn. Tu peux me donner un autre ballon.

Chloé, debout sur une chaise, finissait de décorer le salon de Bellevue, le samedi après-midi.

— Il n'en reste plus que deux. C'est magnifique, Chloé !

— Oui, approuva Amanda qui apportait des assiettes en papier et des verres en plastique. Tu es vraiment sympa d'organiser cette fête pour M. Simms. Quelle belle surprise !

— Oui, je l'espère. Mme Steiner et Mme Lowe viendront ?

— Bien sûr. Elles ne veulent pas rater ça.

Quinn lui tendit le dernier ballon et alla aider Amanda à disposer la table du buffet.

Lennon entra au même moment.

— Que se passe-t-il, ici ?

Chloé descendit de son tabouret.

— Nous avons organisé une petite fête pour l'anniversaire de M. Simms. Mme Scanlon et Mme Davidson doivent y participer, alors autant que tu les attendes ici.

Lennon regarda autour de lui.

— Une fête ? C'est une surprise, j'imagine ?

— Tu imagines bien. Et ce n'est pas tout !

— Ah bon ! Qu'y a-t-il d'autre ?

— Patience, patience ! Tu ne seras pas déçu.

Chloé sortit dans le hall au moment où Sierra, Alex et tous les musiciens des Wave franchissaient la porte d'entrée. Chloé les avait appelés le matin et ils avaient accepté de venir jouer. Riley et Larry les accompagnaient.

Elle se précipita à leur rencontre.

— Vous êtes vraiment sympas, les copains. Dis donc, comment s'est déroulée l'inauguration de la bibliothèque, Riley ?

— La bibliothèque, je ne sais pas, mais en ce qui concerne le jardin, gros succès. M. Watkins n'a pas cessé de vanter mes mérites et de répéter que le jardin était un chef-d'œuvre.

— Et c'est la vérité, répondit Chloé avec un grand sourire. Venez, je vous montre où vous allez vous installer, ajouta-t-elle en les entraînant vers le salon. À propos, Riley, où est Tedi ?

— Elle est en train de se garer.

Une fois les préparatifs terminés, Chloé partit chercher M. Simms. Elle sonna à sa porte.

— Monsieur Simms ?

— Une minute ! (Le verrou grinça et la porte s'ouvrit.) Oh, Chloé ? J'ignorais que tu venais aujourd'hui.

— Oui, c'est une surprise.

— À soixante-dix-huit ans, je suis peut-être un peu vieux pour les surprises, tu ne crois pas ?

— Erreur ! Vous avez soixante-dix-neuf ans ! (Elle lui tendit un petit paquet dans un emballage rouge vif.) Bon anniversaire, monsieur Simms ! Ouvrez vite !

Le vieil homme, éberlué, prit le paquet et déchira le papier.

— Un appareil photo !

— Oui, un appareil jetable. Je me doute que vous devez posséder un appareil professionnel hypersophistiqué, mais je voulais que vous puissiez prendre des photos immédiatement, sans avoir à vous soucier de la pellicule ou des flashes.

— Eh bien… merci, Chloé, dit-il avec un grand sourire. (Soudain, il redevint sérieux.) Pourquoi immédiatement ? Que veux-tu dire ?

— C'est encore une surprise ! Et ce n'est pas la seule. Suivez-moi.

Chloé l'entraîna vers le salon et s'arrêta sur le seuil pour glisser un œil à l'intérieur. Parfait, l'orchestre était prêt. Une bonne vingtaine de pensionnaires attendaient, dont les deux cousines.

Chloé fit entrer le vieux monsieur.

— Joyeux anniversaire ! s'écria l'assistance.

— Oh, mon Dieu !

M. Simms regarda autour de lui, les yeux écarquillés.

Chloé fit signe à Amanda de tamiser les lumières. L'orchestre attaqua une intro rythmée et Tedi entra d'un pas majestueux, vêtue de sa superbe robe moulante rouge. Elle poussait devant elle une table roulante sur laquelle trônait le gâteau confectionné par Manuelo et d'où jaillissait une pluie d'étincelles. Elle s'approcha de M. Simms en chantant « Joyeux anniversaire » d'une voix rauque et sensuelle.

Celui-ci la dévorait des yeux.

— C'est votre troisième surprise, expliqua Chloé. Une jolie dame !

Le vieux monsieur éclata de rire.

— On peut dire que tu as le sens de la fête, Chloé !

Tedi acheva sa chanson et tendit les bras à M. Simms. Toujours en riant, il confia sa canne et son appareil photo à Chloé, enlaça la jeune femme et ils s'élancèrent.

Quelle ambiance ! Quinn entraîna Lennon. Les cousines valsaient ensemble. Amanda distribuait des coupes de soda à la ronde tandis que Riley écoutait Larry en levant les yeux au ciel. Puis tous deux se joignirent aux danseurs.

Chloé prit une photo de M. Simms qui souriait béatement. Elle pouvait être fière. C'était vraiment une fête spectaculaire !

Dans la même collection

mary-kate olsen **ashley** olsen

totalement **jumelles**

1. Garçons sous hypnose
2. Que la fête commence !
3. Trop beau pour être vrai
4. Juste entre nous
5. La vérité, toute la vérité !
6. Amour secret

Composition : Francisco *Compo*
61290 Longny-au-Perche

Impression réalisée sur Presse Offset par

BRODARD & TAUPIN
GROUPE CPI

La Flèche (Sarthe), le 06-10-2004
N° d'impression : 24312

Dépôt légal : octobre 2004

Imprimé en France

POCKET jeunesse
12, avenue d'Italie • 75627 PARIS Cedex 13
Tél. : 01.44.16.05.00